软土地区开挖卸荷
对邻近地铁隧道的影响研究

/

STUDY ON THE INFLUENCE OF VICINAL SUBWAY
TUNNEL DUE TO ADJACENT EXCAVATION AND UNLOADING
IN SOFT SOIL AREA

周泽林　李　铮　陈寿根　刘冒佚　著

重庆大学出版社

内容提要

本书针对城市软土地区邻近地铁隧道的基坑开挖与隧道工程,研究了土体开挖与邻近隧道变形之间相互影响机理,旨在提出一种合理的邻近开挖工况下既有隧道变形计算方法以及开挖卸荷下对既有隧道的变形控制与保护技术。全书共分为6章,分别在基坑施工引起的下卧土层附加位移场的计算方法、基坑开挖对下卧隧道竖向变形影响的解析分析方法、盾构开挖对上方隧道竖向变形影响的解析分析方法、重叠开挖卸荷下既有隧道的变形特征与控制技术等方面进行了系统的研究。

本书可作为从事土木工程、地下工程专业技术与管理人员的参考书,还可以作为大专院校岩土相关专业的参考书。

图书在版编目(CIP)数据

软土地区开挖卸荷对邻近地铁隧道的影响研究 / 周泽林等著. -- 重庆:重庆大学出版社,2023.4
ISBN 978-7-5689-3892-1

Ⅰ.①软… Ⅱ.①周… Ⅲ.①软土地区—基坑施工—影响—地铁隧道—研究 Ⅳ.①U231.3

中国国家版本馆 CIP 数据核字(2023)第 081499 号

软土地区开挖卸荷对邻近地铁隧道的影响研究
RUANTU DIQU KAIWA XIEHE DUI LINJIN DITIE SUIDAO DE YINGXIANG YANJIU

周泽林 李 铮 陈寿根 刘冒佚 著
策划编辑:林青山
责任编辑:陈 力 版式设计:林青山
责任校对:王 倩 责任印制:赵 晟

*

重庆大学出版社出版发行
出版人:饶帮华
社址:重庆市沙坪坝区大学城西路 21 号
邮编:401331
电话:(023) 88617190 88617185(中小学)
传真:(023) 88617186 88617166
网址:http://www.cqup.com.cn
邮箱:fxk@cqup.com.cn(营销中心)
全国新华书店经销
重庆升光电力印务有限公司印刷

*

开本:720mm×1020mm 1/16 印张:12.25 字数:176 千
2023 年 4 月第 1 版 2023 年 4 月第 1 次印刷
ISBN 978-7-5689-3892-1 定价:89.00 元

前　言

　　基坑开挖和盾构开挖是目前我国城市建设中广泛存在的两类地下工程开挖活动,开挖卸荷改变了周围土体初始应力状态并对邻近既有地铁隧道产生了不利影响。如何准确地预测和控制地下开挖引起的邻近既有隧道附加内力和变形具有迫切而重要的工程学意义。软土的土质条件、地基分层特性、基坑围护结构、地层加固,以及抗拔桩加强措施等因素对既有隧道的纵向变形均有重要影响,但目前对于此类问题的研究尚不够成熟。本书将这些问题作为新的研究方向提了出来,主要采用理论分析和数值模拟等研究手段,结合离心机试验算例和现场工程实测数据就上述问题开展了系统深入的研究,主要研究内容及成果体现为:

　　①引入弹性层状地基模型,建立了基坑施工引起下卧土体竖向自由位移场的简化理论分析方法,该方法能充分的考虑基坑开挖面卸载、围护结构的水平作用、工程降水,以及土体分层特性等因素的影响,得出的结论更符合工程实际。结合数值算例分析发现:提出方法能较好地反映出非均质层状地基土体的应变集中(或扩散)现象。

　　②提出了开挖卸荷条件下隧道与周围土体相互作用的整体耦合分析方法,基于此方法,首先推导了砂质土体条件下基坑开挖引起的下卧单洞、双洞隧道纵向变形的弹性解,并结合离心机试验算例评估了计算方法的有效性;然后基于三参量 H-K 流变本构模型,推导了黏质土体条件下开挖引起的隧道纵向变形的黏-弹性解,并结合工程实测数据进行了方法运用与验证。

　　③将提出方法与目前常用的两阶段解析法进行算例对比发现,本书提出的耦合方法是一种整体分析方法,与两阶段解析法的分步求解过程相比,不需要选用具体的地基模型和确定各种复杂的地基参数,因此大大地减少了计算所需的参数数量,并简化了计算过程。

④将提出方法运用于工程实例分析中发现，黏性土体流变特性引起的隧道后期变形量占总变形量的比例较大，软土流变会对隧道纵向位移大小、范围及形态等造成较大的影响；变形趋近于稳定的时间与软土的流变参数有关，基坑应尽量在流变趋近稳定之前完成开挖、支护、主体浇筑和覆土回填等工序，以减小软土卸荷的时间效应对邻近既有隧道造成的不利影响。

⑤基于镜像源汇法和盾构隧道非等量径向土体移动模式，建立了盾构掘进对上方已建隧道影响的解析方法。结合离心机试验算例发现，提出方法非常适用于分析地层损失率较低（$\varepsilon \leqslant 1\%$）的情况下盾构开挖对既有隧道、管廊等刚性结构的影响；结合某盾构下穿既有刚性管道的工程实例分析发现，管道沉降量的解析解与实测数据基本吻合，验证了提出方法的有效性。

⑥采用提出方法对盾构下穿既有隧道进行了算例分析，结果显示，垂直正交关系是既有隧道纵向变形受扰的最有利位置关系，但同时也是既有隧道受剪、受弯的最不利位置关系；提高既有隧道纵向刚度在起到减小隧道附加变形作用的同时也显著地增大了结构附加弯矩峰值。

⑦地层加固加强了地层和围护墙的连接作用及地基土体的整体性，使得加固范围内土体剪应变和卸荷应力的传递变的更加均匀，不仅能减小开挖卸荷引起的邻近隧道纵向变形大小和范围，还能有效地控制隧道自身断面的相对拉伸变形。

⑧利用有限差分软件 FLAC^{3D}，探讨了基坑下卧回弹地基内抗拔桩的承载特性和抗隆起机理，根据桩-土相对位移分布情况将桩身分成了抗拔段、稳定段和嵌固段。研究发现，刚性抗拔桩不仅能约束桩周土体竖向位移，还能作为"异质体"切断围护墙墙脚与隧道洞室侧面之间的集中剪应变传递路径，因而显著地减小了洞室周围土体的集中剪应变大小和分布范围。

著者

2023 年 2 月 3 日

目　录

第1章 绪 论

1.1 研究背景及选题意义

随着中国城市化进程的加快,城市用地增长率远低于城市人口增长率,有限的城市地表土地资源已无法满足人们对生存空间的需求,城市空间的拓展正逐渐从外延式的水平方向向内涵式的立体方向发生转变,因而催生了大量的地下工程,如地下隧道、地下车站、综合管廊、人防工事、地下商场及街道等。尽管城市地下空间的开发与利用在建设前期有着详细的规划与安排,但就长远发展而言仍具有一定的不可预见性[1]。因此,实际工程中往往会出现新建地下工程邻近已建地下结构的情况,而地铁隧道作为现代城市地下交通的大动脉,其安全性极为重要,与一般的地下结构相比,国际上对地铁变形的要求更加严格,如英国[2]制定了严格的变形控制标准来保护地铁隧道,但国内尚无系统的标准规程,仅上海地区针对地铁的附加变形保护提出了如下暂行规定[3]:地铁结构位移量不应大于 20 mm;隧道纵向变形曲线的曲率半径应大于 15 000 m、相对弯曲不应大于1/2 500。

目前,城市近接地下工程正呈现出"深、大、复、近、杂"的特点与趋势,开挖卸荷范围越来越大,与既有地铁隧道的距离越来越近,空间位置关系也越来越复杂。现选取中国部分城市典型的邻近既有地铁隧道的大范围开挖卸荷工程案例作简要介绍,见表 1.1。从表 1.1 可见,目前城市建设中主要存在两类典型的大范围地下开挖卸荷工程,一是大面积基坑工程,以明挖法和暗挖法为主,新建基坑骑跨于既有隧道之上的情况称为基坑近距离上跨施工[4];二是大断面隧道工程,此类城市隧道施工多以盾构法为主。新建盾构隧道近距离穿越已建隧道的情况称为盾构近距离穿越施工[5]。城市建设中还存在一些其他的近接地下工程,如地下管道、桩基开挖、微型隧道及地下市政设施等,但与以上两类工程相比,此类工程涉及的开挖卸荷量较小,对既有地铁隧道的影响也相对较小。在城市软土地区敏感环境下进行大范围土体开挖会危及邻近地铁隧道的运营安全,对既有地铁隧道纵向变形的预测和控制是设计和施工中需要高度重视的问题,随着中国城市地下空间的大规模开发,类似工程问题必将越来越多,而且亟待解决。

表 1.1　邻近既有地铁隧道的大范围开挖卸载工程实例

工程类别	工程名称	既有线	近接情况	最小间距/m	施工方法
基坑近距离上跨施工	北京金融街地下通道基坑	北京地铁 2 号线	顺行上跨	1.5	明挖法
	北京地铁 5 号线东单车站基坑	北京地铁 1 号线	正交上跨	0.6	暗挖法
	上海东方路下立交基坑	上海地铁 2 号线	上方斜跨	2.8	明挖法
	天津西青道下沉隧道基坑	天津地铁 1 号线	上方正跨	0.3	明挖法
	南京龙蟠路隧道西段基坑	南京地铁 1 号线	上方斜跨	2.5	明挖法

工程类别	工程名称	既有线	近接情况	最小间距/m	施工方法
盾构近距离穿越施工	北京地铁 4 号线隧道	北京地铁 9 号线	上方斜交穿越	1.4	盾构法
	北京某大断面地下人行隧道	北京地铁 10 号线	垂直上穿	2.0	CRD 暗挖
	上海地铁 11 号线隧道	地铁 4 号线	上、下叠交穿越	1.7	盾构法
	上海外滩观光隧道	地铁 2 号线	上方斜交穿越	1.5	盾构法
	广州大塘-沥滘区间隧道	地铁 3 号线	重叠下穿	6.0	盾构法

目前对地铁盾构隧道横向特征变形的研究较多,纵向特征变形的研究较少。而盾构隧道纵向抗变形能力较弱,纵向变形进一步发展会导致盾构管片接缝处差异变形过大而受到破坏。因此,针对开挖卸荷条件下既有隧道纵向变形的计算方法研究是十分必要的,由于该类工程技术难度很大,目前开挖卸载理论方面的研究尚不够成熟,工程施工中仍存在一定的盲目性。本研究将从土力学和弹性力学的基本理论出发,对基坑近距离上跨施工和盾构近距离穿越施工这两大类卸载工程对既有地铁隧道的影响进行系统深入的理论研究,主要研究内容包括卸载理论模型、数值分析及工程实例应用等。实现技术理论创新,丰富地下卸载工程理论的内涵,为今后类似工程的设计和施工提供指导和服务,这也是本研究的理论及实践意义所在。

1.2　国内外研究现状

软土一般是指天然孔隙比大于或等于1.0,且天然含水量大于液限的细粒。城市地区的软土的力学特性为:

(1)高含水量和高孔隙比

软土的天然含水量 w 一般为50%~70%,饱和度一般大于95%,液限 w_L 一般为40%~60%,天然含水量 w 与液限 w_L 之间成正比增加。天然孔隙比 e 为1~2,且天然含水量 w 与其天然孔隙比 e 之间呈直线变化关系。

(2)低渗透性

软土的渗透系数一般为 10^{-4} ~ 10^{-8} cm/s,位于滨海相和三角洲相的软土地区,由于土层中夹有薄层或极薄层的粉、细砂、粉土等,使得土层水平方向的渗透系数较垂直方向大。

(3)高压缩性

软土均属高压缩性土,其压缩系数一般为 0.7 ~ 1.5 MPa^{-1} ,且压缩系数随着土的液限和天然含水量的增大而增高。

(4)低强度

软土的抗剪强度小且与加荷速度及排水固结条件密切相关,不排水三轴抗剪强度值很小,与其侧压力大小无关。排水条件下的抗剪强度随固结程度的增加而增大。

深入研究软土地区开挖卸载对邻近隧道纵向的影响规律和控制技术具有重要的工程意义和理论价值,国内外学者已进行了相关研究,并取得了一定的成果,但由于土体介质的不确定性以及隧道-土体之间相互作用的复杂性,导致目前的研究成果尚不够成熟和完善。下面将该领域已有的研究成果及存在的问题进行阐述。

1.2.1 基坑卸荷引起的周围土体自由位移

在软土地层中开挖基坑,上部卸荷后必然会引起基坑底面下卧地基土体发生回弹变形,回弹变形量的大小成为分析基坑稳定性和下卧已建隧道附加变形的重要依据。Tergzaghi. K[6]早在 20 世纪 60 年代就注意到了基坑开挖空间越大,产生的坑底回弹变形就越大的事实;Bjerrum[7]给出了估算基坑底板隆起的方法;Imae[8]对影响基坑及土体变形的几个因素进行了详细的比较分析,包括基坑大小、开挖顺序、支撑结构、土体性质、地下水和暴露时间等。

目前,我国《建筑地基基础设计规范》(GB 50007—2011)[9]认为,基坑的变形计算比较复杂,且不够成熟,只能作为一般性的要求提出,规范基于分层总和法思路所给出的底板隆起变形计算公式为,

$$\delta = \psi_c \sum_{i=1}^{n} \frac{p_c}{E_{ci}} (z_i \bar{a}_i - z_{i-1} \bar{a}_{i-1}) \tag{1.1}$$

式中 ψ_c ——回弹经验系数;

p_c ——基地以上土附加压力;

E_{ci} ——土的回弹模量;

z_i ——第 i 层土的深度;

$\bar{a}_i$、$\bar{a}_{i-1}$——地基附加应力系数;

n ——计算厚度的分层数。

传统的回弹变形估算方法是将土体开挖视为等重量的竖向卸载,利用均布荷载作用下的弹性半空间表面沉降公式或分层总和法来计算土体回弹变形。如杨位[10]等介绍了利用弹性力学法计算基坑开挖引起的土体自由回弹变形公式为,

$$s = \frac{1-\upsilon}{E} \cdot wbp_0 \tag{1.2}$$

式中 b ——矩形均布荷载的宽度或圆形均布荷载的直径;

w——中性点回弹影响系数；

υ——土体泊松比。

刘国彬、侯学渊等[11]利用室内三轴试验模拟了基坑土体卸荷和下卧土体上抬变形，通过试验提出了土体回弹位移计算公式为，

$$s = -29.17 - 0.167\gamma H + 12.5\left(\frac{t}{H'}\right)^{-0.5} + 5.3\gamma c^{-0.04}(\tan\varphi)^{-0.54} \qquad (1.3)$$

式中　H——基坑开挖深度，$H' = (1+q/\gamma)H$；

　　　q——地面超载；

　　　t——围护结构的入土深度；

　　　c,φ,γ——土体的黏聚力、内摩擦角和重度。

刘国彬等[12]根据大量基坑实测资料，提出了残余应力的概念来求解软土地区基坑土体的隆起变形，残余应力系数 a = 残余应力/卸荷应力。建立了一个基于应用残余应力原理和应力路径方法的计算方法（同济经验法）来求解坑底回弹量，即，

$$\delta = \sum_{i=1}^{n} \frac{\sigma_{zi}}{E_{ti}} h_i \qquad (1.4)$$

式中　n——计算厚度的土体分层数；

　　　h_i——第 i 层土体的厚度；

　　　E_{ti}——第 i 层土体的卸荷模量；

　　　σ_{zi}——第 i 层土体的平均卸荷应力值，$\sigma_{zi} = \sigma_0(1-a_i)$，其中，$\sigma_0$ 是总卸荷应力值，a_i 是第 i 层土体的残余应力系数。

S. K. Bose[13]利用二维有限元法研究了围护结构、开挖深度等因素对基坑隆起变形的影响；Hamdy Faheem[14]利用三维有限元法，考虑剪力的折损，模拟了矩形基坑开挖卸载后影响基坑变形的因素。

陆培毅等[15]利用三维有限元方法，采用修正剑桥模型本构关系模拟了基坑开挖过程中基坑面积、支撑形式和开挖深度对坑底土体回弹变形的影响。

刘国彬等[16]采用三轴流变试验仪进行了卸荷流变试验，模拟了基坑开挖

产生的应力场,并结合试验结果提出了一种五元件模型,用于分析基坑土体回弹变形的时间效应。

郑刚等[17]考虑基坑的降水作用,采用三轴试验模拟了基坑开挖过程中的土体力学性能及变形性状,研究发现降水可以提高土体的力学性能,降水对坑底回弹变形的影响不容忽视。

木林隆等[18]考虑土体的小应变特性,基于芝加哥地区基坑工程的监测数据进行反分析,借助于有限元法提出了一种简化计算方法来分析基坑开挖引起的周边土体三维位移场,并将有限元结果和实测数据进行了对比。

郑刚、邓旭等[19]采用有限元软件 PLAXIS 建立了考虑土体小应变特性的数值模型,分析了不同围护结构变形模式下的基坑侧方区域深层土体竖向位移和水平位移的特点。

总的来说,国内外关于基坑周围土体位移的研究主要集中在坑内隆起、地表沉降和侧方土体位移等方面,而对坑底面下卧地层内部位移场的研究偏少。国内外学者们提出的估算基坑围护墙及地表沉降的计算方法(Mana 等[20]、Kung 等[21])多是基于弹性理论的经验、半经验公式,因此往往带有地域局限性以至于难以推广运用,而且这些方法大都无法用于预测坑底面下卧土层的位移。目前针对基坑下卧地层内部位移还仅限于依赖有限元法的一些规律性探讨,有限元法虽能有效地模拟各种施工工况,但是受制于土体本构关系和输入参数的选择,尚无法达到定量化的要求。

1.2.2 基坑开挖卸荷引起的下卧隧道变形

（1）理论解析方面

刘国彬、侯学渊[11]提出了残余应力法,结合软土的卸荷模量来计算基坑开挖对隧道隆起变形的影响,将受开挖扰动范围内隧道位置处的土体隆起变形视为隧道结构的上抬变形;吉茂杰[22]考虑开挖的时空影响并结合变形实测分析,对残余应力计算方法进行了修正,推导了考虑隧道隆起时空效应的实用理论计算公式。残余应力法对基坑卸载后土体隆起变形的计算结果较准确、稳定,但没考虑"隧道-土体"之间的相互作用,导致隧道上抬变形计算结果过于保守。

目前,广泛运用于计算地下开挖引起邻近隧道变形的解析法是两阶段法,其基本思路为:第 1 阶段计算出开挖引起的隧道位置处土体附加应力或位移;第 2 阶段将隧道视为一根弹性地基梁,再将第 1 阶段求得土体附加应力或位移施加于隧道,得出隧道与土体相互作用的变形平衡微分方程,从而求解隧道纵向附加变形及内力。只要参数输入得当,便能得到符合实际的结果。Attewell 等[23]基于 Winkler 理论提出了一种用于分析地下开挖对管线影响的理论模型;Takagi 等[24]采用弹性地基梁法计算管道附加位移时,在考虑土体沉降后,为求解方便,对地基梁的平衡微分方程进行了简化处理,

$$EI\frac{\mathrm{d}^4 S}{\mathrm{d}y^4}+kSD=kS_\mathrm{p}d \qquad (1.5)$$

式中　S——土体沉降量;

　　　D——管道直径;

　　　S_p——管道附加位移;

　　　EI——管道纵向弯曲刚度;

　　　k——地基基床系数;

　　　d——管线直径。

陈郁等[25]、张治国等[26]提出了基于 Winkler 模型的两阶段应力法来分析基坑开挖卸载对下卧地铁隧道附加变形,并与三维数值模拟计算结果进行了对比分析,取得了较好的一致性;张强等[27]考虑到黏性土体的流变特性,根据弹性-黏弹性对应原理,基于 Winkler 模型来求解黏性软土中开挖卸荷引起的下方隧道的附加应力和位移。

由于 Winkler 模型仅用唯一的参数——基床系数 k 来体现地基刚度,这只是一种粗略的近似。为了获取更加精确与合理的分析模型,一部分学者从弹性半无限空间出发,引入位移或者应力假定来得到地基和隧道附加变形的解析模

型,如 Vlasov 模型[28];另一部分学者则对 Winkler 模型进行了改进,通过增加弹簧参数,提出了能反映地基剪切刚度的双参数 Pasternak 模型[29],周泽林和陈寿根等[30]利用 Pasternak 模型探讨了基坑开挖对邻近隧道纵向变形的影响因素;黄栩等[31]利用更加复杂的三参数 Kerr 地基梁模型来获得土体卸载所引起的隧道响应,它包含两个弹簧层(刚度分别为 k_1, k_2)和一个剪切层(刚度为 G),并结合实测数据对 Winkler、Pasternak 与 Kerr 等 3 种地基模型的模拟结果进行了详细对比分析。结果显示,Kerr 地基模型更具优越性,Pasternak 模型次之,可作为一种近似选择,Winkler 模型的计算结果则最不理想。

虽然两阶段法具有力学传力机制明确、计算速度快等优点,但第 2 阶段中地基梁模型的选择对结果影响很大,分析中选用的地基梁模型越复杂,结果就越合理,但是计算所需的地基参数就会越多,而如有效地确定各地基参数的取值又成了一个新增难点;此外,该方法在第一阶段中把地基土体视为弹性均质半无限体,无法反映实际层状地层在荷载作用下的土体应力(或应变)的集中(或扩散)现象。

(2)数值模拟方面

复杂基坑的施工具有过程性,理论分析方法无法考虑具体施工条件、加固措施和开挖顺序等因素,而数值模拟方法可以有效地模拟基坑的开挖过程和土体非线性影响。随着计算机硬件水平的进步和数值模拟技术的发展,以有限元和有限差分为代表的数值模拟方法在地下工程中得到了广泛运用。

Lo 等[23]采用有限元法模拟了多伦多粉质黏土地层中隧道上方基坑开挖,并对隧道的附加位移进行了预测。结果表明,数值模拟方法可对隧道的附加位移进行较准确评估;Marta 等[33]提出了一种硬地层中隧道上方基坑施工全过程的二维有限元法数值分析方法,得到的分析结果与现场实测数据基本一致;SHARMA[34]报道了新加坡某广场基坑施工对下卧隧道的影响,通过数值模拟研究了隧道变形特征,指出结构刚度大的隧道会承受较大的附加弯矩。

王卫东等[35]采用了能反映应力路径的上海软土卸荷模量,依托实际工程动态地模拟了考虑时空效应的开挖卸荷对地铁的影响。研究表明,土体卸荷模量直接决定了变形结果大小,但卸荷模量的取值具有较强的经验性;高广运等[36]以上海市某邻近地铁隧道的基坑工程为背景,运用有限差分软件 FLAC³ᴰ 对基坑开挖及坑外二次加固工艺进行了三维数值模拟分析。研究发现,既有地下结构物和地基加固体作为异质体具有减小地层位移的屏障作用;黄宏伟等[37]采用有限元软件 PLAXIS 中的 HS 硬化本构模型来模拟城市软黏土层,分析了上海外滩通道明挖基坑对下卧已运营隧道附加应力和变形的影响规律;郑刚等[38]采用有限元软件 ABAQUS 中的修正剑桥模型分析了天津西青道下沉明挖隧道施工对既有地铁 1 号线的影响并对各种加固保护措施的效果进行了模拟分析。结果表明,提高加固参数能减小地铁隧道接缝间的差异变形,但其加固效果随着参数的增加而减弱,加固参数的设计取值存在一个合理范围;黄兆伟等[39]基于土-结构相互作用模型,建立了基坑开挖对下卧地铁隧道影响的三维数值模型,分析了土体加固、分块开挖等隧道变位控制的技术措施效果。分析表明,土体加固技术效果最为明显。

尽管数值方法能有效地模拟隧道-土体相互作用,但各种土体本构模型的复杂性及其适用土质条件,以及土体参数的不确定性等因素,使数值分析目前大多仅用于定性计算与分析。而且该方法建模复杂、计算耗时,限制了其在工程实际中的应用。

(3)试验方面

国外方面,M. Devriendt[40]和 Burford 等[41]报道了伦敦 South Bank 区黏土地层中邻近既有地铁隧道的 The Shell Centre 基坑工程,通过对该地铁隧道变形进行了长达 27 年的监测发现,随着低渗透地层中土体固结过程的缓慢进行,隧道附加上抬变形仍在继续,且南线、北线隧道的监测点上抬位移分别达到 60 mm、50 mm;Kusakabe 等[42]在东京工业大学设计了砂土中开挖卸载对邻近管线影响的离心试验模型。结果显示,一般卸载引起的管线变形主要以弹性变形为主,当卸载间距很小时,开挖引起的塑性变形逐渐增大;Kojima 等[43]进行了地面加载、卸载情况下既有隧道变形的室内模型试验研究,发现在砂性土中卸载引起的隧道非线性变形特征明显;G. W. Byun 等[44]设计了几组尺寸比例为 1∶2 的大型模型试验工况,模拟了新建基坑附近隧道衬砌应力及上抬变形特征。

蒋洪胜等[45]依托上海地铁 2 号线上方某最小间距基坑工程,监测了施工中的隧道各项变形指标。分析认为,适当加强隧道的纵向柔性可以提高结构抵抗破坏及适应土体变形的能力;韦凯等[46]基于上海市大量地铁隧道附加变形实测数据,总结了地铁隧道长期变形的规律,并根据蚁群算法提出了一种分析隧道长期变形的理论模型;孔令荣等[47]对多个邻近地铁隧道的基坑开挖引起的隧道变形实测结果进行了系统的分析。研究发现,当基坑与隧道之间的水平间距小于 4.0 m 时,隧道的侧向位移急剧增大,且隧道位置高于基坑底面时,会产生较大的附加沉降。

魏少伟[48]在香港科技大学采用离心机设计了两组模型试验,采用国际通用砂 Toyoura Sand 制备土体,分析了开挖卸荷条件下邻近既有隧道横截面附加内力和变形的分布规律。研究发现,增大土体弹模能有效地减小开挖引起的隧道横截面变形,降低结构附加弯矩;梁发云等[49]依托上海市某邻近地铁隧道的深基坑工程,采用离心试验模型,研究了"先挖大基坑、后挖小基坑"施工方式对地铁变形和内力的影响规律;姜兆华[50]采用室内模型试验方法研究了基坑开挖对邻近既有隧道结构附加弯矩、土压力及断面内径的影响。试验发现,开挖卸载后衬砌土压力会发生改变,进而导致结构断面发生竖向拉伸、水平收缩的现象,此外,隧道附加土压力与附加弯矩的发展情况一致。

现场监测法得到的内力和变形数据是各种施工因素综合影响的体现,反馈结果可直接用于评价隧道安全情况,但其缺点主要是工作量大、研究周期长且不具备预测性;室内模型试验对于探明卸荷对隧道变形、受力的影响机理具有重要意义,但其存在试验费用高、相似条件不易准确、边界条件和初始条件不易控制等缺点,使其得到的信息有限而大多仅用于定性分析规律性结论。

1.2.3 盾构开挖引起的邻近隧道变形

盾构施工是目前城市建设中大量存在的一类工程开挖活动,不少学者围绕盾构穿越施工对已建隧道影响的问题开展了大量的研究。

在理论解析方面,Attewell 等[51]首次基于 Winkler 地基梁研究了新建盾构隧道开挖对上方既有管线的影响;Klar 等[53]基于两阶段位移法并采用 Vesic 地基系数分析了隧道开挖对既有地下管道的影响,在第 1 阶段采用 Peck 经验曲线来拟合隧道开挖引起的土体自由位移,在第 2 阶段将土体自由位移施加到管道结构求解;Celestino 等[53]通过研究认为,Perk 曲线并不能完全准确地描述隧道开挖引起的土体沉降分布;Vorster 等[54]提出了利用修正的 Perk 公式来拟合隧道开挖后土体自由位移场;Loganathan & Poulos[55]基于盾构隧道椭圆化移动模式,引入地层损失率,提出了隧道开挖引起的土体自由位移场解析解,即半无限体自由场地条件下开挖引起的既有隧道位置处土体竖向位移 $S(y)$ 为,

$$S(y) = \varepsilon_0 R^2 \left\{ -\frac{z_0 - z_1}{y^2 + (z_0 - z_1)^2} + (3 - 4v) \cdot \frac{z_0 + z_1}{y^2 + (z_0 + z_1)^2} - \right.$$

$$\left. \frac{2z_0 \left[y^2 - (z_0 + z_1)^2 \right]}{\left[y^2 + (z_0 + z_1)^2 \right]^2} \right\} \cdot e^{-\left[\frac{1.38 y^2}{(z_1 + R)^2} + \frac{0.69 z_0^2}{z_1^2} \right]} \tag{1.6}$$

式中　z_0——既有隧道轴线深度;

　　　z_1——新建隧道轴线深度;

　　　R——新建隧道半径;

　　　v——土体泊松比;

　　　ε_0——盾构开挖地层平均损失率;

　　　y——距离隧道轴线的距离。

张治国等[56]基于两阶段位移法,第 1 阶段采用上述 Loganathan & Poulos 公式求解盾构隧道开挖引起的土体自由位移,第 2 阶段将既有地铁隧道视为一根 Winkler 地基长梁并求解其纵向附加变形。研究发现,该方法得出的计算结果

能较好地反映实际隧道变形情况。

杨栋[57]根据弹性地基梁有限差分原理,在新建隧道情况下应用两阶段位移法推导了开挖对既有隧道变形影响的差分方程,并结合算例进行了影响因素分析,为实际施工提供了理论指导。

张桓等[58]采用 Loganathan & Poulos 提出的解析方法,基于双参数 Pasternak 地基梁模型建立了盾构隧道穿越施工引起既有管线竖向位移的计算方法,将计算结果和 Winkler 模型的计算结果进行对比,证明了 Pasternak 模型的优越性。

张冬梅等[59]将新建隧道对既有隧道的作用简化成高斯分布荷载,将既有隧道简化为铁木辛柯梁,建立了盾构下穿施工对邻近已建隧道纵向变形影响的理论计算方法。研究发现,既有隧道剪切刚度对纵向变形曲率影响显著,当剪切刚度有效系数小于 1/4 时,必须考虑剪切刚度对隧道纵向变形的影响。

从上述文献调研来看,现有理论计算方法可归纳为两类,一类是采用 Perk 曲线或高斯曲线为代表的经验公式,其存在的问题是计算公式缺乏力学理论支撑,且经验公式的运用具有较强的地域局限性;另一类则是采用的是 Loganathan & Poulos 解析公式,其存在的问题是该公式只能针对隧道平面正交下穿情况下的问题进行二维分析,实际上新建、已建盾构隧道之间的相对位置往往较复杂,针对三维情况下的盾构下穿既有隧道的开挖影响,目前仍缺乏相应的解析计算方法。

数值模拟方面,Yazdchi 等[60]提出了一种不同地面条件下的三维数值模拟方法,用确定的时间步长来估算隧道叠交施工对附近隧道和地表沉降的影响; Addenbrooke 等[61]、Hage 等[62]通过对两近距离平行隧道施工的二维数值模拟研究均发现,当两隧道之间的净距大于 3D 时,新建隧道对既有隧道的影响将减弱,当净距大于 7D 时,可以不用考虑新建隧道开挖造成的影响;Liu 等[63]以悉尼某隧道开挖对既有隧道衬砌的影响为研究对象建立三维数值仿真分析模型,指出新建隧道开挖面相对于既有隧道监测断面的滞后距离对既有隧道的变形有着显著的影响。

孙钧等[64]考虑盾构推进和盾尾间隙所产生的地层损失,采用三维弹塑性有限元分析方法,研究了上海地铁隧道叠交施工中的土体变形问题。给出了隧道周围土体塑性区大小与分布,得出了掘进前期结构附加变形增幅最为显著的结论。

徐前卫等[65]以黄浦江人行观光隧道穿越地铁2号线区间隧道为背景,建立了三维有限元模型,对已建隧道的施工影响进行了分析,得出了一些有用的结论。

殷宗泽等[66]依托上海轨道交通明珠线二期工程中所涉及的部分重叠区段的隧道施工,针对近距离叠交隧道盾构施工对老隧道的影响进行了三维数值模拟分析。结果表明,地基土层性质、隧道相对位置和净间距对双线隧道相互作用的影响尤其重大。

仇文革等[67]针对深圳地铁老街-大剧院区间重叠隧道工程进行了三维弹塑性有限元分析。结果表明,随着施工进行,已建隧道的环向内力会发生偏转,产生纵向内力,施工隧道的纵向影响范围在Ⅲ级围岩中约为$3D$,在Ⅴ级围岩中约为$5D$。

李雪峰等[68]依托上海人民路越江隧道工程,针对浅埋大断面盾构隧道施工对近距离既有隧道的影响建立了三维有限差分数值分析模型。模拟结果表明,盾构掘进会引起既有隧道的拱腰处产生压缩变形,拱顶及仰拱则产生较大的张拉变形。

刘树佳等[69]依托上海地铁11号线上、下穿既有地铁4号线的复杂工况,构建了三维数值模型对既有隧道的变形进行了研究。结果表明,叠交区域内既有隧道的竖向变形呈抛物线形分布。

李磊等[70]依托上海地铁11号线施工中的上、下重叠段隧道近接穿越已建地铁4号线的工程,利用大型三维有限元方法模拟了土仓压力、注浆压力、压重范围和压重量对既有隧道变形的影响。研究发现,既有隧道变形量与土仓压力无关,但随注浆压力增大而减小,采取压重措施能有效控制隧道变形。

现场监测与试验方面,Kim 等[71]设计了一种地层损失率为 6% 的小型模型盾构机,模拟了正常固结土和超固结土(OCR = 3)中上、下正交隧道施工,研究不同间距和衬砌性质条件下隧道位移、内力以及土体超孔隙水压力变化规律;Marshall 等[72]在剑桥大学采用离心试验法对隧道正交穿越既有管道的影响进行了研究,该试验采用排液法来精确地控制地层损失,得到了一个修正的高斯公式来计算土体及管道变形;此外,ADACHI T 等[73]、Vorster 等[74]、BYUN G W 等[44]学者分别进行了隧道开挖对邻近地下管线影响的离心模型试验研究;Lo 等[75]、ASANO T 等[76]基于现场实测数据,分析了地下隧道开挖对邻近地铁隧道的影响,得出了一些有用的结论。

渝涛[77]依托广州地铁 3 号线盾构近接隧道工程,针对平行、正交、交叠 3 种典型的盾构近接情况,进行了几何比 $C_l = 40$、重度相似比 $C_r = 1$ 的室内模型试验,对既有隧道的影响规律进行了全面的研究。

何川等[78]综合采用室内模型试验和大型有限元模拟方法,系统研究了新建盾构下穿开挖过程中对既有隧道结构附加变形与内力的影响情况。研究得出,盾构开挖在掌子面前方约 2 倍洞径位置处会引起既有结构产生最大的附加位移。

黄德中等[79]结合上海外滩通道盾构穿越既有地铁 2 号线工程,采用离心模型试验模拟隧道开挖卸载、地层损失和注浆过程中既有隧道的附加变形。分析认为,新建隧道通过时既有隧道隆起率最大,适当注浆可有效地抑制既有隧道隆起变形。

马险峰等[80]利用排液法在离心场中模拟盾构下穿施工对既有隧道及周围地层变形的影响,并实现了可在试验不停机状态下模拟盾构开挖与注浆的全过程。

陈亮等[81]结合上海地铁 8 号线上穿地铁 2 号线施工现场监测数据,对隧道纵向变形过程及其产生机理进行了研究。研究发现,主要变形发生在穿越之后,在距离原隧道 10 m 之外,原有隧道纵向沉降基本不会再受影响。

胡群芳等[82]通过对上海 M4 线区间盾构隧道近距离下穿已建 M2 线隧道的施工监测数据进行搜集整理,研究盾构近距离穿越对邻近隧道和土体变形的影响。研究得出,被穿越隧道的竖向位移呈波浪形,土体隆起峰值随着盾构掘进不断向前推移,盾尾附近的隧道和土体的变形较为敏感。

廖少明等[83]结合上海地铁某区间隧道上、下夹穿已运营地铁的工程施工,采用实测分析结合数值模拟手段对地铁隧道的变形及地层扰动进行了研究,结果表明,隧道位移受两次穿越之间的相互影响与单独穿越之间存在较大差异,成果可为类似穿越情形的盾构施工提供参考。

1.2.4　开挖卸荷对邻近隧道的影响与控制标准

评估地下工程(基坑或隧道)开挖对邻近既有隧道的影响时,首先需要确定开挖卸载周围不同区域的影响程度,以及既有隧道结构安全的变形控制标准。围绕这个问题,诸多学者进行了相关研究,并提出了相应的判定准则。

日本在公布的《近接铁路隧道施工指南》[84]一书中,对近接既有隧道的施工问题进行了全面、系统的阐述。根据近接工程类型、规模、设计和施工方法、近接位置关系、地质条件等各种相关判断条件来进行近接度的划分,其划分标准与既有隧道外径 D 密切相关,一般可划分为 3 个范围:无条件范围、要注意范围和限制范围(需要采取对策的范围),其中在隧道侧面开挖的近接度划分见表 1.2。

表 1.2　近接度的划分(既有隧道侧面开挖)

与既有隧道的距离	近接度的划分
<1D	限制范围
1~2D	要注意范围
>2D	无条件范围

关宝树[85]根据近接隧道相对位置的不同,总结了近接开挖引起的既有隧道变形特征,并将近接隧道的施工进行了分类;仇文革[5]系统地提出了近接施工的分类、分区和指标表达式,按照"时间、空间、工法"将近接施工类型分为 3 大类,并提出了近接施工对策等级概念,从地层和结构两方面给出了近接分区分度的广义判定准则,见表 1.3。王明年等[86]采用 Mohr-Coulomb 屈服准则对重叠盾构隧道进行了横向近接影响分区的划分,同时利用位移变化速率进行了纵向影响分区的划分;郭宏博[87]利用结构强度准则对上、下交叉隧道近接影响分区进行了研究,并得到了基于埋深比(几何近接度)的近接影响分区;闻毓民[88]运用结构应力准则和地表位移准则建立了大量的数值模型来对相邻两孔平行隧道的近接度进行研究,得到了在一定的埋深条件下两孔平行盾构隧道近接施工影响分区图表;秦辉辉[89]分别根据洞室附加变形、地表沉降和塑性区发展情况等 3 种判定准则对盾构、暗挖小净距重叠隧道进行了近接影响分区,结果显示,地表沉降准则得出的结论最严格。

表 1.3　分区分度判定准则

准则大类	准则基本型
1. 地层判断准则	1.1 应力准则:按应力集中系数和应力重分布梯度变化范围来划分
	1.2 塑性区准则:按塑性区是否发生重叠来划分
	1.3 位移准则:按既有结构物位置处地层附加位移程度来划分
2. 既有结构判断准则	2.1 强度准则:按既有结构物承载力改变程度来划分
	2.2 刚度准则:按既有结构物附加位移大小和允许变位来划分
3. 复合准则判断准则	1~2 组合的综合运用

Capse 等[90]根据基坑开挖引起对周围土体位移场的扰动程度,将坑外土体划分为 A 塑性区、B 弹性区和 C 非扰动区等 3 个区域,并分别采用对数螺旋曲

线 R_1、R_2 来表示区域的分界线,如图 1.1 所示;丁勇春[91]给出了类似的坑外土体附加位移影响区域划分简图,将坑外土体划分为主影响区(Ⅰ区)、次影响区(Ⅱ区)和无影响区(Ⅲ区),并归纳了各影响分区的地层环境保护对策,水平方向主影响区的范围在 $0.75H$(H 为基坑开挖深度)以内,次影响区为 $0.75 \sim 2H$,无影响区为 $2H$ 范围之外,如图 1.2 所示;李俊松[92]基于强度安全系数折减理论来对基坑近接建筑物时的影响区域进行划分,并提出了一套大型基坑近接施工安全风险评价体系;邓旭[93]等根据不同的围护结构变形模式,利用 PLAXIS 有限元软件对基坑侧方隧道变形特征区域进行了划分。

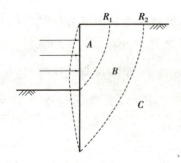

图 1.1　Capae 基坑开挖影响分区

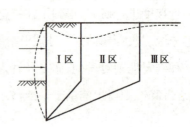

图 1.2　文献[90]基坑开挖影响分区

由于地层应力和塑性区不易进行现场量测,通常只能借助数值模拟做定性分析,实际工程中运用较少。而附加位移是结构或地层对邻近开挖扰动的直接响应,易于观测,因此,实际工程中大都采用位移准则和结构刚度准则来进行分区判定;总的来说,目前针对近接隧道之间相互交叉、重叠的近接影响分区已经非常成熟,针对基坑开挖对邻近隧道的近接影响分区研究则相对较少。

为了判定开挖卸载区域附近的既有隧道结构是否处于安全状态,需要确定隧道变形控制标准。上海地区规范[3]要求地铁两侧 3 m 范围内不能进行任何工程活动,地铁隧道结构绝对沉降量不能超过 20 mm;杨广武[94]、李兴高[95]在总结现有的地铁变形控制标准的基础上,详细介绍了隧道结构变形控制的确定方法;张陈蓉[96]等基于地下管线的承载能力,结合两阶段位移控制法的算例计算,提出了基坑开挖对管线保护的控制标准;刘庭金[97]等依托广州邻近地铁 1

号线隧道某基坑工程,研究了盾构纵向附加变形曲率与管片环缝张开量和螺栓应力的关系,如图1.3所示,结合管片的环模型试验结果,给出了盾构隧道弯矩和变形的控制值。但迄今为止,学术界和工程界对于卸荷范围大、技术难度大、施工风险高的近接既有地铁隧道的重叠基坑施工变形控制标准及保护技术的研究仍然很少。

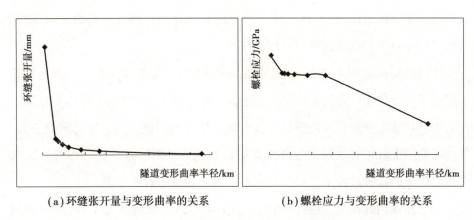

(a)环缝张开量与变形曲率的关系　　　　(b)螺栓应力与变形曲率的关系

图1.3　隧道变形曲率与环缝张开量和螺栓应力的关系

1.3　研究内容、方法与技术路线

1.3.1　研究内容

本书以城市基坑和盾构开挖卸荷对邻近既有地铁隧道的影响和保护为出发点依托深圳地铁11号线南山站—前海湾站区间重叠隧道段的开挖卸荷工程,针对以上研究现状中存在的不足,开展了以下研究工作:

①考虑到地基土层的分层特征,引入弹性半空间层状地层模型,推导基坑开挖面卸载、工程降水以及围护结构的水平作用引起的地基土体附加应力解,结合土体三维变形公式,提出了适用于基坑施工引起的下卧地基土体内部各点三维自由位移场的计算方法。

②在充分认识隧道纵向结构计算模型的基础上,建立隧道与周围土体相互作用的整体耦合分析方法,基于此方法,根据不同土质的力学特征,首先推导砂性土体中开挖卸荷对单洞、双洞隧道变形影响的整体耦合平衡方程,并结合离心机试验和数值分析,评价提出方法的适用性和合理性;然后,基于 3 个参数H-K 本构模型推导了黏质土体中邻近开挖引起的隧道变形时域解,并结合工程实例进行了方法运用,研究具有流变特性的软土开挖对邻近隧道的影响规律,得出了一些对工程设计和施工有用的结论。

③通过分析盾构开挖削减引起的土体位移模式,基于镜像源汇法理论推导了半无限三维空间中盾构开挖引起的土体变形计算公式,建立了盾构下穿施工对上方已建隧道变形影响的解析分析方法。然后利用该方法对盾尾间隙参数、等效弯曲刚度及相对空间位置等因素的影响进行了单因素量化分析;最后,结合离心机试验结果以及工程实测数据进行方法验证与对比分析。

④依托深圳地铁 11 号线南山站—前海湾站区间重叠隧道工程,采用数值模拟方法分析基坑周围不同位置处已建隧道的变形特点,进行了隧道变形特征区域划分,并提出了相应的变形控制对策。

⑤采用数值模拟方法研究基坑地层加固和抗拔桩措施对控制隧道变形的影响。对比分析不同的地层加固型式、范围和厚度(或深度)对既有隧道变形的控制效果;对地基抗拔桩的荷载传递机理、桩-土位移分布特征及其对周围土体和隧道隆起变形的限制机理进行了详细的探讨,对比分析不同抗拔桩强化方案下的隧道变形控制效果。

1.3.2　研究方法与技术路线

针对以上研究内容,本研究综合采用技术调研、理论分析、数值模拟及归纳总结等研究方法,并结合现场监测和试验等数据,研究软土地区开挖卸荷对邻近既有隧道的力学和变形影响规律。具体为:

（1）技术调研

明确本研究的核心内容之后，广泛查阅国内外相关文献资料，分别从理论、试验和工程实例这 3 个层面上对类似问题的研究方法和成果进行了系统总结，并大量收集依托工程的地勘、设计和施工方案及监测数据等资料，进行对比分析，在此基础上形成了本课题的详细大纲和研究计划。

（2）理论分析

在基坑开挖卸荷影响方面，综合运用半空间弹性理论、黏-弹性理论、一维杆件有限元理论、土体有效应力理论和渗流理论等多种理论方法，系统地研究了不同土质条件下基坑开挖引起的隧道纵向附加内力和变形特征；在盾构开挖卸荷影响方面，综合运用半空间弹性理论、镜像源汇法理论、盾构间隙参数理论和土体位移模式等多种理论方法，详细地探讨了盾构下穿施工对上方已建隧道的影响规律。

（3）数值模拟

利用有限差分软件 FLAC^{3D} 对重叠开挖卸荷下既有隧道的洞室变形特征和隧道保护措施进行了系统的定性模拟分析。研究了基坑周围地层加固对控制隧道变形的作用机理，探讨了基坑下卧地基内抗拔桩的承载特性及其对隧道的抗隆起机理，并采用数值分析研究对比了不同强化方案下的隧道变形控制效果。

（4）归纳和总结

通过归纳和总结，对成果进行提炼，得出了一系列对设计和施工有用的指导性结论，可为目前我国城市建设中大量存在的类似工程提供参考，也可为今后相关规范的完善提供理论基础和依据。

第 2 章 基坑施工引起的下卧土层附加位移场的计算方法

基坑开挖卸载使得坑底面下卧地层发生竖向回弹位移,从而带动土体中的已建隧道发生纵向上抬变形。现有的针对坑周土体变形的简化计算方法大都局限于墙后地层沉降变形和坑底回弹变形,对于坑底面下卧地基内部土体位移场的预测缺乏简单有效的计算方法,而只能依赖于有限元进行分析。基坑开挖引发的土体回弹是岩土界的研究热点,一般的回弹经验计算公式难以准确地估算回弹位移,其主要原因有:

①实际地基土层存在分层情况。

②围护墙和支撑结构的水平作用较复杂,经验公式往往忽略了这些因素。

③没有将降水因素考虑进去,软土地区工程降水对地层附加位移的影响不能忽略。

为了更合理地评估基坑施工对下卧已建隧道的影响,首先需要准确地计算出基坑开挖卸载引起的下卧地基土体附加位移和内力。因此,本章通过引入弹性半空间层状土体模型,在弹性理论的基础上推导了基坑开挖面卸荷、工程降水、围护墙体和支撑结构的水平作用等综合因素所引起的土体附加应力解,结合土体三维变形公式,提出了一种适用于基坑施工引起的下卧地基内部各点三维自由位移场计算方法,以用于分析下卧已建隧道的竖向附加变形。

2.1　下卧地层中土体竖向自由位移

本章研究基坑地基内部的竖向自由位移场,是为下一章中分析基坑开挖对下卧已建地铁隧道的影响所展开的第一步必要的理论工作,因此,本节将重点分析坑底面下方既有隧道轴线位置处的土体竖向自由位移。首先假设隧道不存在的情况下,建立了如图 2.1 所示的分析模型:以基坑中心对应的地表面为原点建立三维笛卡尔坐标系,基坑横向(x 轴向)开挖宽度 B,纵向(y 轴向)开挖长度 L,竖向(z 轴向)开挖深度 H;下卧既有隧道轴线平行于 y 轴,轴线上任一点的坐标为(x_0, y, z_0)。基坑开挖后会形成 5 个卸载面(1 个坑底面+4 个侧壁面),其中坑底面编号为⓪,侧壁面编号分别为①、②、③和④。

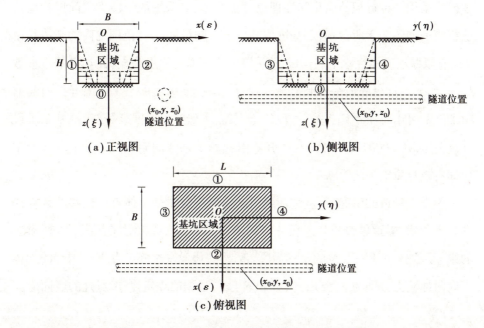

(a)正视图　　　　　　　　　　　(b)侧视图

(c)俯视图

图 2.1　基坑开挖对邻近隧道影响的理论分析模型

目前,关于基坑开挖对周围土体及邻近隧道影响的理论成果基本都是建立在弹性均质半空间地基模型之上。实际上,天然地基在沉积过程中会造成竖直向力学性质的不同,而水平面内却往往是各向同性的,形成了以水平面为同性面的所谓横观各向同性地基。艾智勇等[98,99]提出了一种基于降阶法的三维分层地基状态空间解来分析荷载作用下弹性地基的附加应力和变形;张治国等[100]根据艾智勇的成果建立了一种多层地基中基坑开挖卸载对邻近隧道影响的连续弹性分析方法,改变了过去理论分析中只能在均质地基上求解此类工程问题的现状。但是上述方法均需要将各物理量在三维坐标系下进行 Laplace 积分变换,同时利用矩阵传递技术来实现各地层力场和位移场的应力求解,这种级数解法的推导和求解过程十分复杂,而且随着土体层数的增多容易发生计算溢出,其复杂而烦琐的计算不符合理论解简单、直接的使用要求,从而大大限制了该方法在实际工程中的推广运用。

为了简化计算,同时又能体现地基分层特性给土体变形性能带来的影响,本研究采用一种近似的简化弹性理论分析方法,其采用的弹性半空间层状地层分析模型如图 2.2 所示:假定基坑地基变形影响深度(H_d)范围之内的土体是由 n 层有限厚度的弹性水平层构成,第 i 层土体底面的深度为 h_i,并具有基本参数 E_i、v_i 和 γ_i。这里的地基变形影响深度 H_d,是指该深度以下土层因开挖引起的附加变形可以忽略不计。关于 H_d 的下限值,本研究参照国家《建筑地基基础设计规范》(GB 50007—2011)[9],取开挖引起的地基竖向附加应力 $\sigma_z(y)$ 不大于土体有效自重应力的 10%。

假设无隧道的情况下,基坑卸载引起的隧道位置处土体自由位移的计算如图 2.3 所示,隧道轴线位置上任一点的坐标为 (x_0,y,z_0),则该点正下方所对应的第 j 层土体中任一点 N 的坐标为 (x_0,y,z)。假设基坑施工在 N 点引起的土体三向附加应力分别为 $\sigma_{xj}(z)$、$\sigma_{yj}(z)$ 和 $\sigma_{zj}(z)$,根据胡克定律,N 点处的竖向应变 $\varepsilon_{zj}(z)$ 为,

$$\varepsilon_{zj}(z)=\frac{\sigma_{zj}(z)-v_j\cdot[\sigma_{xj}(z)+\sigma_{yj}(z)]}{E_j} \tag{2.1}$$

式中　E_j,v_j——第 j 层土体的弹性模量和泊松比。

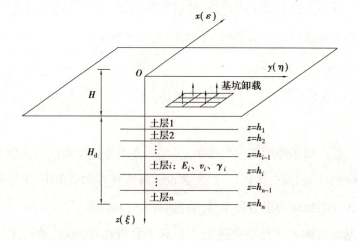

图 2.2　弹性半空间层状地基分析模型

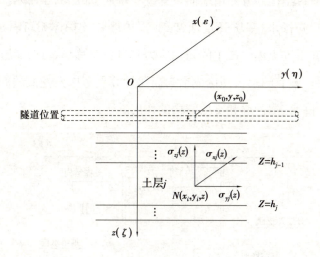

图 2.3　隧道轴线位置处土体竖向自由位移

采用积分的方法对第 j 层土体应变按地层厚度进行积分，即可得到该层土体的位移增量，再根据分层总和法的思路，将每一分层土体的位移增量进行叠加，即可得出隧道轴线位置任一点 (x_0, y, z_0) 处的土体竖向自由位移 $w_s(y)$ 为，

$$w_s(y) = \sum_{j=1}^{n} \int_{h_j}^{h_{j-1}} \varepsilon_{zj}(z) \, \mathrm{d}z = \sum_{j=1}^{n} \int_{h_j}^{h_{j-1}} \frac{\sigma_{zj}(z) - \upsilon_j \cdot [\sigma_{xj}(z) + \sigma_{yj}(z)]}{E_j} \mathrm{d}z \quad (2.2)$$

可见，只需要求解出基坑施工在下方地层 j 中任一点处引起的土体三向附

加应力 $\sigma_{xj}(z)$、$\sigma_{yj}(z)$ 和 $\sigma_{zj}(z)$ 之后,然后再代入式(2.2)中即可求解出基坑开挖在下卧隧道轴线位置上引起的土体自由场位移解 $w_1(y)$。

2.2 土体附加应力的影响因素

基坑开挖打破了原始地应力平衡,引起下方土体初始地应力改变量即为卸载应力,本研究中称为土体附加应力,假设无隧道存在的情况下,下卧隧道深度位置处土体在附加应力下会发生竖向初始自由位移。

一般基坑的施工过程是先进行工程降水并施作围护墙,然后采用分层开挖、分层施加支撑结构的方式由上而下开挖至坑底,如图2.4所示。因此,从宏观上分析,工程降排水、基坑开挖面卸载、围护墙和支护体系可看成是一个系统,基坑施工在下方土体中产生的附加应力和自由位移场是该系统内各因素综合作用的结果。现有的解析理论成果为简化计算仅考虑开挖面的卸载作用,往往忽略了工程降水、围护墙和支撑结构的作用。

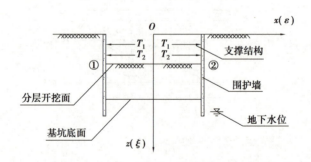

图 2.4　基坑施工中的影响因素

一般情况下,上部开挖卸载一起的下卧土体竖向附加应力主要由坑底土体竖向卸载引起,而侧壁面土体的水平卸载和围护结构的水平作用影响相对较小。此外,有工程降水的情况下,降水引起的竖向有效附加应力增量则不容忽视。因此,要全面地分析基坑施工引起的土体自由场位移场,必须从该系统入手进行整体分析。基坑施工引起下卧隧道位置处土体竖向附加应力的原因可以分为以下 5 个因素：

①基坑开挖前的工程降水。

②基坑开挖后,坑底面土体竖向卸载。

③基坑开挖后,侧壁面土体水平卸载。

④基坑侧壁面围护墙的水平支护作用。

⑤基坑侧壁面支撑结构的水平支撑作用。

基坑大都是采用自上而下分层开挖的方式,下面将逐一分析当基坑由上而下分层开挖至第 N_i 层时,上述 5 个因素所引起的下方地层中任一点的土体三向附加应力。

2.3　基坑施工引起的土体附加应力

2.3.1　工程降水引起的附加应力

在地下水丰富的城市,基坑施工容易受到地下水的影响,为防止发生渗透破坏,开挖前通常会采取一定的降水措施,将地下水位降低到坑底面以下一定位置。一方面,工程降水会使土骨架有效应力增大;另一方面,由于基坑内外存在的水头差会使土体产生渗流动水压力。这两种应力的作用都会使土体固结压密,并产生附加应力[101]。如果把土体开挖对邻近隧道的影响视为卸载行为,那么工程降水则相当于是一种加载行为。

根据 Terzaghi 有效应力理论可知,土的自重应力是土体有效自重引起的应力,地下水位下降使得土的有效自重应力增大。降水前后土体自重应力改变如图 2.5 所示,图中左侧阴影部分为降水引起的土体附加自重应力。由土体有效自重应力增大而引起的下方地层 j 中任一点处的土体竖向附加应力 $\sigma_{\mathrm{w}}^{(1)}(z)$ 为,

$$\sigma_{\mathrm{w}}^{(1)}(z) = (h_{\mathrm{w2}} - h_{\mathrm{w1}}) \cdot \gamma_{\mathrm{w}} \tag{2.3}$$

式中　h_{w1}——降水前的地下水位；

　　　h_{w2}——降水后的地下水位；

　　　γ_w——地下水重度，取 9.8 kN/m³。

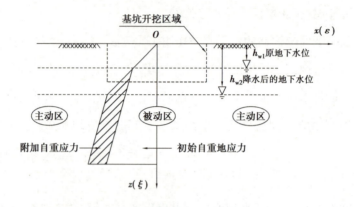

图 2.5　工程降水引起的土体附加应力

根据土体渗流理论可知，工程降水造成的基坑内外水头差会引起周围土体发生地下水流动，并给渗流区域内的土体颗粒施加动水压力，即渗透力，使得土体的附加应力发生变化(增大或减小)。在一维渗流场条件下，主动区的地下水渗流方向向下，引起土体有效应力增加；被动区的地下水渗流方向向上，引起土体有效应力减小。因此，由于地下水渗流而引起的下方地层 j 中任一点处的土体竖向附加应力 $\sigma_w^{(2)}(z)$ 为，

$$\sigma_w^{(2)}(z)=\begin{cases}+\gamma_w\cdot iz(主动区)\\-\gamma_w\cdot iz(被动区)\end{cases}\qquad(2.4)$$

式中　i——水力坡降，$i=(h_2-h_1)/L_w$，其中 L_w 为渗流路径长度。

2.3.2　坑底面土体卸载引起的附加应力

当基坑由上而下分层开挖至第 N_s 时，基坑底面的土体竖向卸载效应相当于在开挖前的坑底面位置上施加一个大小为 P_0，方向竖直向上的矩形分布荷载，P_0 大小为，

$$P_0 = \sum_{i=1}^{N_s} \gamma_i \cdot d_i \tag{2.5}$$

式中　γ_i, d_i——第 i 层开挖土体的有效重度和厚度。

由于城市地区实际地层的泊松比 υ 的变化范围并不大,一般为 $0.25 \sim 0.4$,则各土层变形量值大小主要取决于弹性模量 $E^{[102]}$。黄栩[31]等通过分析开挖卸荷对邻近隧道的影响时也发现:地基弹性模量与厚度是较敏感的参数,而一定取值范围内泊松比的变化对计算结果影响却非常小以至可以忽略。考虑到半弹性空间中 Mindlin 应力基本解只包含了泊松比 υ,与弹性模量 E 无关。因此,本研究采用均质半无限弹性体的 Mindlin 应力解来近似计算开挖卸载引起的下卧地层中任一点处产生的三向附加应力分量,应力计算中的泊松比近似取各地层泊松比的加权平均值 $\bar{\upsilon}$。

整个坑底面卸载的影响相当于无数个单位面积上卸载影响的叠加之和,根据 Mindlin 应力解,采用积分的方法可得到编号为◎的坑底面土体竖向卸载在下方地层 j 中任一点处引起的附加应力分量 $\sigma_{sx}^{(0)}(z)$、$\sigma_{sy}^{(0)}(z)$ 和 $\sigma_{sz}^{(0)}(z)$ 分别为,

$$\sigma_{sx}^{(0)}(z) = \frac{P_0}{8\pi} \cdot \iint_{\Gamma_0} \left[v_1 \left(\frac{z_1}{R_1^3} + \frac{3z_1 - 4vz_2}{R_2^3} + \frac{6Hz_2 z}{R_2^5} \right) - 3v_2 \frac{x^2 z_1}{R_2^5} - v_3 \left(\frac{3x^2 z_1}{R_1^5} + \frac{12vH^2}{R_2^5} + \frac{30Hx^2 z_2 z}{R_2^7} \right) - v_4 \left(\frac{1}{R_2(R_2 + z_2)} - \frac{x^2}{R_2^2(R_2 + z_2)} \right) \right] \mathrm{d}x\mathrm{d}y$$

$$\tag{2.6}$$

$$\sigma_{sy}^{(0)}(z) = \frac{P_0}{8\pi} \cdot \iint_{\Gamma_0} \left[v_1 \left(\frac{z_1}{R_1^3} + \frac{3z_1 - 4vz_2}{R_2^3} + \frac{6Hz_2 z}{R_2^5} \right) - 3v_2 \frac{x^2 z_1}{R_2^5} - v_3 \left(\frac{3x^2 z_1}{R_1^5} + \frac{12vH^2}{R_2^5} + \frac{30Hx^2 z_2 z}{R_2^7} \right) - v_4 \left(\frac{1}{R_2(R_2 + z_2)} - \frac{x^2}{R_2^2(R_2 + z_2)} \right) \right] \mathrm{d}x\mathrm{d}y$$

$$\tag{2.7}$$

$$\sigma_{sz}^{(0)}(z) = \frac{P_0}{8\pi} \iint_{\Gamma_0} \left[v_1 \left(-\frac{z_1}{R_1^3} + \frac{z_1}{R_2^3} \right) - 3v_2 \frac{z_2^2 z}{R_2^5} + v_3 \left(\frac{-3z_1^3}{R_1^5} + \frac{3Hz_2 z_3}{R_2^5} - \frac{30Hz_2^3 z}{R_2^5} \right) \right] \mathrm{d}x\mathrm{d}y$$

$$\tag{2.8}$$

式(2.6)—式(2.8)中,泊松比相关常量 $v_1 = (1-2\overline{v})/(1-\overline{v})$、$v_2 = (3-4\overline{v})/(1-\overline{v})$、$v_3 = 1/(1-\overline{v})$;积分区域 $\varGamma_0$ 为基坑底面对应的坐标范围,即: $-B/2 \leqslant \varepsilon \leqslant B/2$, $-L/2 \leqslant \eta \leqslant L/2$, $\xi = H$;变量 $z_1 = z-H$, $z_2 = z+H$, $z_1 = 5z-H$;变量 $R_1 = \sqrt{(x_0-\varepsilon)^2+(y-\eta)^2+(z-H)^2}$, $R_2 = \sqrt{(x_0-\varepsilon)^2+(y-\eta)^2+(z+H)^2}$。

2.3.3 侧壁面土体卸载引起的附加应力

基坑开挖后,侧壁面内侧土体挖除消失,外侧主动区土体在围护墙体和支撑结构的约束下向内侧发生一定的水平位移,并产生水平卸载。因此,侧壁面上土体水平卸载作用的大小是主动区土体、围护墙体和支撑结构三者共同作用的结果。由弹性力学可知,该水平卸载效应同样会在下方地层中任一点处产生三向附加应力。本节以增量法理论[103,104]为基础来分析基坑侧壁面上土体水平卸载所引起的隧道竖向附加应力。

以基坑每向下分层开挖一次计为一个工况,图 2.6 是开始第 1 步开挖后的增量法计算原理示意图。图 2.6(a)为第 1 步开挖前作用于墙体的初始应力状态,此时墙体无位移,基坑四周侧壁面内、外侧均作用有静止土压力 p_0,大小为,

$$p_0 = \sum_{i=1}^{N_s} K_0 \gamma_i z_i \qquad (2.9)$$

式中 γ_i, z_i——本次工况开挖土层的平均重度和厚度;

K_0——静止土压力系数,取值可通过原位静止侧压力试验确定,在缺乏试验资料时也可通过以下经验公式估算:

$$K_0 = \begin{cases} 1-\sin\overline{\varphi}; & (砂土) \\ 0.95-\sin\overline{\varphi}; & (正常固结黏土) \\ OCR(1-\sin\overline{\varphi})。 & (超固结黏土) \end{cases} \qquad (2.10)$$

式中 $\overline{\varphi}$——开挖土层有效内摩擦角的加权平均值;

OCR——土体超固结比。

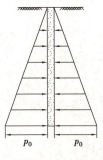
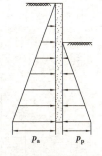
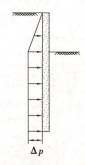

（a）静止土压力状态　　**（b）第1步开挖后的工况**　　**（c）本次开挖工况中所减少
的土压力增量**

图 2.6　增量法计算原理

本次工况下作用在墙体上的土压力是上一工况开挖完成后到当前位置时的土压力增量，从另外一个角度上理解，该土压力增量正是基坑侧壁面开挖侧土体水平卸荷所产生的不平衡力，故可称为土体水平卸荷量。图 2.6（b）为第 1 步开挖后的工况，假设此时墙体不动，侧壁面墙体内侧被动土压力为 p_p、外侧主动土压力为 p_a，其差值为 $\Delta p = p_a - p_p$，即为本次开挖工况中所减少的土压力增量，如图 2.6（c）所示。但是，本次开挖工况所产生的荷载增量不仅仅限于土压力增量 Δp，还包括挖去土体的土反力、围护墙压力和施加支撑预应力的荷载增量。

通过上述原理可知，增量法计算的关键是确定基坑在开挖过程中引起体系内力改变的每一个荷载增量[104]，由于传统的增量法假设墙体不动，没有考虑墙体增量位移对增量土压力的影响，而基坑土压力实测研究发现[103]，墙体位移与土压力密切相关。鉴于此，本研究采用迭代计算法来对增量土压力进行修正，假定墙体增量位移与增量荷载之间有如下线性迭代关系，

$$\Delta p_{i+1}^{(n)} = \Delta p_i^{(n)} + \Delta \delta_i^{(n)} \cdot k_s^{(n)} \tag{2.11}$$

式中　上标 n——第 n 次工况，以下编号同；

下标 i——第 i 次迭代计算，以下编号同；

$\Delta \delta_i^{(n)}$——墙体上该点第 i 次迭代的增量位移；

$\Delta p_i^{(n)}$——该点第 i 次迭代的增量荷载；

$k_s^{(n)}$——该点第 n 次工况的土弹簧刚度。

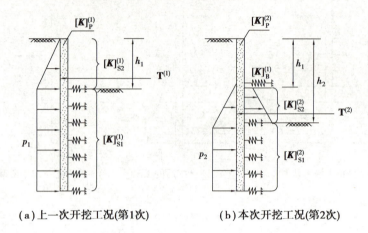

(a)上一次开挖工况(第1次)　　　　(b)本次开挖工况(第2次)

图 2.7　迭代增量法计算过程简图

图 2.7 给出了迭代增量法计算过程简图,每次开挖工况的增量荷载包含以下 3 部分:

①开挖侧土体的开挖卸载,即基坑侧壁面内侧被动区土压力减小所产生的土压力增量荷载,也可以认为是侧壁面外侧主动区土压力的增加所致。初始土压力增量荷载 $\Delta p_0^{(n)}$ 为

$$\Delta p_0^{(n)} = \begin{cases} \sum \gamma_i [z_i - h^{(n-1)}] \cdot K_0 & (h^{(n-1)} < z < h^n) \\ \sum \gamma_i [h^{(n)} - h^{(n-1)}] \cdot K_0 & (z \geq h^{(n)}) \end{cases} \tag{2.12}$$

式中　$h^{(n-1)}$——上一工况的基坑开挖深度;

　　　$h^{(n)}$——本次工况的开挖深度;采用杆系有限单元法可以将初始土压力
　　　　增量荷载 $\Delta p_0^{(n)}$ 转换成等效节点荷载向量$\{\Delta p_0^n\}$。

②开挖侧土弹簧消除所产生的增量荷载,本次工况开挖消除的土弹簧刚度矩阵为$[K_{s2}^{(n)}]$,上一工况围护墙体位移向量为$\{\Delta \delta^{(n-1)}\}$。因此,本次工况开挖消除的土弹簧力所对应的增量荷载向量$\{f^{(n)}\}$为

$$\{f^{(n)}\} = [K_{s2}^{(n)}] \cdot \{\Delta \delta^{(n-1)}\} \tag{2.13}$$

式 2.13 中,$[K_{s2}^{(n)}]$ 的下标 s 表示土弹簧,下标 2 表示开挖掉的土弹簧,下标若是 1 则表示开挖后剩余的土弹簧,以下编号同。

③本工况施加的支撑预应力所产生的增量荷载向量 $\{T^{(n)}\}$。对于预应力钢管支撑，$\{T^{(n)}\}$ 取设计施加的预应力大小；对于混凝土支撑，由于无预应力，则取 $\{T^{(n)}\} = 0$。

将以上 3 部分增量荷载相加即得到本次开挖工况所产生的总初始增量荷载向量 $\{\Delta q_0^{(n)}\}$ 为

$$\{\Delta q_0^{(n)}\} = \{\Delta p_0^{(n)}\} + \{f^{(n)}\} + \{T^{(n)}\} \tag{2.14}$$

本次开挖工况所产生的总初始增量荷载向量 $\{\Delta q_0^{(n)}\}$ 将由围护墙体、开挖侧剩余土弹簧、支撑结构这 3 部分体系来共同承担。因此，通过对围护墙体、开挖侧土体和支撑结构进行离散，梁单元尽量划分均匀，并且在地层变化面处、开挖面处和支撑设置处做节点处理，然后再分别求其刚度矩阵，如下：

①计算围护墙体单元刚度矩阵 $[K_p^{(n)}]^e$，并由单元刚度矩阵转换成围护墙体整体刚度矩阵 $[K_p^{(n)}]$。此处，$[K_p^{(n)}]$ 的下标 p 表示围护墙体，以下编号同。

②计算本次工况开挖后，基坑侧壁面内侧剩余土弹簧的单元刚度矩阵 $[K_{s1}^{(n)}]^e$ 和由开挖消除的土弹簧单元刚度矩阵 $[K_{s2}^{(n)}]^e$，并分别将其转换成整体单元刚度矩阵 $[K_{s1}^{(n)}]$、$[K_{s2}^{(n)}]$。

③考虑到本次工况施加的支撑并没有立即发挥作用，计算取上一次工况施加支撑的单元刚度矩阵 $[K_B^{(n-1)}]^e$，将其转换成整体刚度矩阵 $[K_B^{(n-1)}]$。此处，$[K_B^{(n)}]$ 的下标 B 表示支撑结构，以下编号同。

故本次开挖工况对应的结构总刚度矩阵为，

$$[K] = [K_p^{(n)}] + [K_{s1}^{(n)}] + [K_B^{(n-1)}] \tag{2.15}$$

本次开挖工况所对应的初始有限元平衡方程为，

$$[K] \cdot \{\Delta \delta_0^{(n)}\} = \{\Delta q_0^{(n)}\} \tag{2.16}$$

采用杆系有限单元法联合式(2.12)—式(2.16)即可计算出本次工况增量荷载引起的初始围护墙体增量位移 $\{\Delta \delta_0^{(n)}\}$ 和增量土压力 $\{\Delta p_0^{(n)}\}$，然后将 $\{\Delta \delta_0^{(n)}\}$ 和 $\{\Delta p_0^{(n)}\}$ 代入迭代关系式(2.11)中对增量土压力进行修正，再以修正后的荷载代入式(2.16)中进行计算，如此反复迭代，直至前后两次增量土压力 $\{\Delta p_i^{(n)}\}$、$\{\Delta p_{i+1}^{(n)}\}$ 之间的差异可以忽略不计为止。此时，对应的 $\{\Delta p_i^{(n)}\}$ 和

$\{\Delta\boldsymbol{\delta}_i^{(n)}\}$ 即为本次工况(第 n 次工况)下围护墙体最终增量土压力 $\{\Delta\boldsymbol{p}^{(n)}\}$ 和最终增量位移 $\{\Delta\boldsymbol{\delta}^{(n)}\}$。

基坑四周侧壁面上的土体水平卸载量等于围护墙体的增量土压力,侧壁面上的土体水平位移等于围护墙体的水平位移。因此,当基坑开挖由上而下分层开挖至第 N_s 层时,分别将之前每次开挖工况迭代计算所得出围护墙体增量土压力 $\{\Delta\boldsymbol{p}^{(n)}\}$ 和增量位移累 $\{\Delta\boldsymbol{\delta}^{(n)}\}$ 计求和,即可得基坑侧壁面土体总水平卸荷量向量 $\{\boldsymbol{P}_s\}$ 和围护墙体总水平位移向量 $\{\boldsymbol{w}_s\}$,如下,

$$\left.\begin{aligned} \{\boldsymbol{P}_s\} &= \sum_{n=1}^{N_s} \{\Delta p^{(n)}\} \\ \{\boldsymbol{w}_s\} &= \sum_{n=1}^{N_s} \{\Delta\boldsymbol{\delta}^{(n)}\} \end{aligned}\right\} \tag{2.17}$$

求出编号为①的基坑侧壁面上的土体总水平卸荷向量 $\{\boldsymbol{P}_s\}$ 后,采用插值法拟合出其对应的连续函数 P_s。整个侧壁面卸载的影响相当于无数个单位面积上卸载影响的叠加之和,根据 Mindlin 应力解,采用积分的方法可得到编号为① 的基坑侧壁面上土体水平卸载在下方地层 j 中任一点处引起的附加应力分量 $\sigma_{sx}^{(1)}(z)$、$\sigma_{sy}^{(1)}(z)$ 和 $\sigma_{sz}^{(1)}(z)$ 分别为,

$$\sigma_{sx}^{(1)}(z) = \frac{P_s(x_0-x)}{8\pi}\iint_{\Gamma_1}\left[v_1\left(\frac{-1}{R_1^3}+\frac{5-4v}{R_2^3}\right)+v_3\left(\frac{-6H(3-2v)z_2}{R_2^5}-\frac{3x_0^2}{R_1^5}+\right.\right.$$

$$\left.\frac{18H^2}{R_2^7}+\frac{30Hx_0^2z}{R_2^7}\right)-v_4\left(\frac{3}{R_2(R_2+z_2)^2}-\frac{x_0^2(3R_2+z_2)}{R_2^3(R_2+z_2)^3}\right)-$$

$$\left.3v_2\frac{x_0^2}{R_2^5}\right]\mathrm{d}x\mathrm{d}y \tag{2.18}$$

$$\sigma_{sy}^{(1)}(z) = \frac{P_s(x_0-x)}{8\pi}\iint_{\Gamma_1}\left[v_1\left(\frac{1}{R_1^3}+\frac{3-4v}{R_2^3}-\frac{6Hz_2}{R_2^5}\right)+v_3\left(\frac{-3y^2}{R_1^5}+\frac{6H^2}{R_2^5}+\right.\right.$$

$$\left.\frac{30Hy_i^2z}{R_2^7}+\frac{30Hy_0^2z}{R_2^7}\right)-v_4\left(\frac{1}{R_2(R_2+z_2)^2}-\frac{y_0^2(3R_2+z_2)}{R_2^3(R_2+z_2)^3}\right)-$$

$$\left.3v_2\frac{y_0^2}{R_2^5}\right]\mathrm{d}x\mathrm{d}y \tag{2.19}$$

$$\sigma_{sz}^{(1)}(z) = \frac{P_s(x_0 - x)}{8\pi} \iint_{\Gamma_1} \left[v_1 \left(\frac{1}{R_1^3} - \frac{1}{R_2^3} + \frac{6Hz_2}{R_2^5} \right) + v_3 \left(\frac{-3z_1^2}{R_1^5} + \frac{6H^2}{R_2^5} + \frac{30Hz_2^2 z}{R_2^7} \right) - \right.$$

$$\left. 3v_2 \frac{z_2^2}{R_2^5} \right] dx dy \qquad\qquad (2.20)$$

式（2.18）—式（2.20）中，积分区域 Γ_1 为编号为①的基坑侧壁面对应的坐标范围，即：$\varepsilon = B/2, -L/2 \leqslant \eta \leqslant L/2, -H/2 \leqslant \eta \leqslant H/2$。

类似于 $\sigma_{sx}^{(1)}(z)$、$\sigma_{sy}^{(1)}(z)$ 和 $\sigma_{sz}^{(1)}(z)$ 的推导，可以分别求出编号为②、③和④的基坑侧壁面上土体水平卸载在下方地层中任一点处引起的三向附加应力，即编号为②的侧壁面水平卸荷产生的 $\sigma_{sx}^{(2)}(z)$、$\sigma_{sy}^{(2)}(z)$、$\sigma_{sz}^{(2)}(z)$；编号为③的侧壁面水平卸荷产生的 $\sigma_{sx}^{(3)}(z)$、$\sigma_{sy}^{(3)}(z)$、$\sigma_{sz}^{(3)}(z)$；以及编号为④的侧壁面水平卸荷产生的 $\sigma_{sx}^{(4)}(z)$、$\sigma_{sy}^{(4)}(z)$、$\sigma_{sz}^{(4)}(z)$。具体过程及公式不再赘述。

2.3.4　围护墙水平作用引起的附加应力

根据 2.3.3 小节中采用迭代增量法所计算出某个基坑侧壁面上围护墙体总水平位移向量 $\{w_s\}$ 之后，则可进一步得到该面围护墙对侧壁面土体的水平作用力为，

$$\{P_p\} = \left[K_p^{(n)} \right] \cdot \{w_s\} \qquad\qquad (2.21)$$

求出 $\{P_p\}$ 之后，采用差值法拟合出其对应的连续函数 P_p，类似于 2.3.2 节中 $\sigma_{sx}^{(1)}(z)$、$\sigma_{sy}^{(1)}(z)$ 和 $\sigma_{sz}^{(1)}(z)$ 的推导，可以分别求解出 4 个侧壁面上围护墙的水平作用在下方地层 j 中任一点处引起的三向附加应力，分别为编号为①的侧壁面围护墙产生的 $\sigma_{px}^{(1)}(z)$、$\sigma_{py}^{(1)}(z)$ 和 $\sigma_{pz}^{(1)}(z)$；编号为②的侧壁面围护墙产生的 $\sigma_{px}^{(2)}(z)$、$\sigma_{py}^{(2)}(z)$ 和 $\sigma_{pz}^{(2)}(z)$；编号为③的侧壁面围护墙产生的 $\sigma_{px}^{(3)}(z)$、$\sigma_{py}^{(3)}(z)$ 和 $\sigma_{pz}^{(3)}(z)$；以及编号为④的侧壁面围护墙产生的 $\sigma_{px}^{(4)}(z)$、$\sigma_{py}^{(4)}(z)$ 和 $\sigma_{pz}^{(4)}(z)$。具体过程及公式不再赘述。

2.3.5　支撑结构水平作用引起的附加应力

根据基坑侧壁面上围护墙体总水平位移向量 $\{w_s\}$，可以得到该侧壁面上第

i 道支撑作用节点的位移分量 δ_i，则可进一步得到该道支撑对侧壁面上土体的水平作用力为，

$$\boldsymbol{P}_{Bi} = (EI)_B \cdot \delta_{Bi} \tag{2.22}$$

式中　$(EI)_B$——第 i 道支撑的轴向抗压刚度。

同理，将 P_{Bi} 代入 Mindlin 应力解，即可得到第 i 层支撑结构的水平作用在下方地层下方 j 中处任一点处引起的附加应力分量 $\sigma_{Bx}^{(i)}(z)$、$\sigma_{By}^{(i)}(z)$ 和 $\sigma_{Bz}^{(i)}(z)$，具体过程不再详述。

2.3.6　土层中任一点的总附加应力

当基坑分层开挖至第 N_s 层时，根据叠加原理，分别将工程降水、基坑底面土体竖向卸载、侧壁面土体水平卸载、围护墙体和支撑结构水平作用等因素所引起的下方地层 j 中任一点处引起的三向附加应力进行叠加，即可得到基坑施工在下方地层 j 中任一点处引起的三向总附加应力分别为，

$$\left.\begin{aligned}
\sigma_{xj}(z) &= \sigma_{sx}^{(0)}(z) + \sum_{i=1}^{4} \sigma_{sx}^{(i)}(z) + \sum_{i=1}^{4} \sigma_{px}^{(i)}(z) + \sum_{i=1}^{N_B} \sigma_{Bx}^{(i)}(z) \\[2ex]
\sigma_{yj}(z) &= \sigma_{sy}^{(0)}(z) + \sum_{i=1}^{4} \sigma_{sy}^{(i)}(z) + \sum_{i=1}^{4} \sigma_{py}^{(i)}(z) + \sum_{i=1}^{N_B} \sigma_{By}^{(i)}(z) \\[2ex]
\sigma_{zj}(z) &= \sum_{i=1}^{2} \sigma_{wz}^{(i)}(z) + \sigma_{sz}^{(0)}(z) + \sum_{i=1}^{4} \sigma_{sz}^{(i)}(z) + \sum_{i=1}^{4} \sigma_{pz}^{(i)}(z) + \sum_{i=1}^{N_B} \sigma_{Bz}^{(i)}(z)
\end{aligned}\right\}$$

$$\tag{2.23}$$

根据上述计算原理，求解出土体附加应力分量 $\sigma_{xj}(z)$、$\sigma_{yj}(z)$ 和 $\sigma_{zj}(z)$ 之后，将应力分量代入式(2.2)中，即可求解出基坑施工引起的下卧隧道位置处土体自由位移解。

2.3.7　Mindlin 解对层状土体的适用性说明

本研究采用 Mindlin 解作为层状地层的近似解，根据本节中对层状地层泊

松比的近似处理可知,应力计算中的泊松比近似取各地层泊松比的加权平均值 $\bar{v}$,因此,该方法仅适用于层状土体之间泊松比变化范围不大的情况,对于土层之间参数差异较大的情况,如软弱土体与硬质基岩接触的层状地层情况下,则不推荐采用本研究方法。

2.4　算例分析

根据上面的推导方法,采用 MATLAB 编写了层状地层中土体自由位移场的分析程序。本节将借助有限差分软件 FLAC^{3D} 进行一个简单工况的算例验证。

假设某基坑平面开挖尺寸为长 40 m,宽 20 m,开挖深度 8 m,围护墙体采用支护排桩,桩间距 4 m,深度 12 m,在墙顶处施做一排横向无预应力内支撑,支撑间距 5 m。场地地层分布为上软下硬,共计 4 层,为了使数值模拟和理论分析中的弹性地层假定条件一致,采用线弹性模型来模拟土体,地层参数见表 2.1。采用桩单元来模拟围护排桩,排桩参数为:弹性模量 210.0 GPa,泊松比 0.2,重度 25.0 kN/m^3,截面尺寸 0.85 m×0.85 m;采用梁单元来模拟横向支撑,支撑参数为:弹性模量 320 MPa,截面尺寸 0.6 m×0.6 m。图 2.8 为三维模型网格划分示意图。

表 2.1　地层计算参数

土层名称	重度/(kN·m^{-3})	弹性模量/MPa	泊松比	厚度/m
①	17.0	60.0	0.35	10
②	18.0	80.0	0.35	5
③	19.0	100.0	0.25	5
④	20.0	300.0	0.25	40

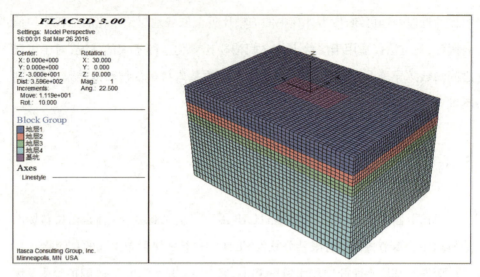

图 2.8　数值模拟网格划分

　　以基坑中心正下方 $z=-14$ m 处对应的纵向节点土体竖向位移的计算结果进行对比分析。图 2.9 为采用本书方法对层状地层与相应的均质地层情况下计算得到的土体竖向自由位移曲线对比,其中均质地基中的土体参数按照 Poulos 等[105] 提出的加权平均方法计算。可以看出,按照均质地基情况计算得到的结果与层状地层中的计算结果相比,无论是竖向位移值还是位移曲线的分布范围均有较明显的差距,最大位移偏差为 17.6%,这说明了对于弹性参数相差较大的层状地层,如果采用将各土层参数折算成为加权平均值而按照均质模型来处理,其得到的结论会存在一定的误差。此外,与均质地层解相比,层状地层得到的位移曲线值偏大,但纵向影响范围偏小。原因是算例中层状地层的弹性模量 E 自上而下不断增大,根据相关资料可知,上软下硬的层状地基附加应力将发生应力集中现象;反之,在上硬下软的层状地基中则会出现应力扩散现象。表明本算例得出的土体位移曲线的分布规律与土力学结论一致。理论分析中考虑地基的层状分布特征对更加合理和准确地计算土体自由场位移解是具有实际意义的。

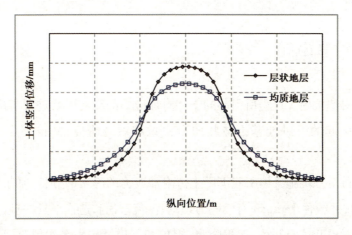

图 2.9　层状地层和均质地层的对比

图 2.10 所示为采用有限差分数值方法(FDM)得到的土体位移与本书方法的计算结果对比图,可以看出,基坑开挖卸载使得下卧地层沿基坑纵向 80 m 范围内(约 2 倍开挖长度)发生了不同程度的隆起位移。与数值解相比,本书方法得到的位移峰值稍微偏小,两者偏差为 7.8%,其原因是在理论求解时,采用 Mindlin 解对层状地层进行了近似处理。但是两种方法得到的位移曲线分布规律基本相似,土体回弹位移受影响范围几乎相同,说明本书方法在计算地基分层时仍具有较好的精度。

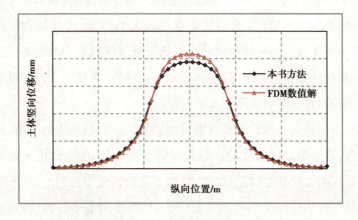

图 2.10　本书方法与数值方法的对比

2.5 本章小结

本章对基坑施工过程所引起的土体附加应力的影响因素进行了论述,就基坑开挖所引起的下卧地基土体竖向自由位移展开研究,并得到了以下几点结论:

①通过对基坑施工中引起下卧土体附加应力的因素的分析,基于弹性力学 Mindlin 解,并结合 Terzaghi 有效应力理论、渗流理论和迭代增量法理论,提出了一种综合考虑开挖面卸载、工程降水、围护和支撑结构水平作用等因素影响的地基土体竖向附加应力计算方法。该方法能更加全面和准确地反映出实际基坑施工引起的土体附加应力。

②在直角坐标系下建立了基坑开挖影响的近似层状弹性地基分析模型,提出了一种简化计算方法来求解层状地层中基坑开挖引起的下卧地基土体竖向自由位移。并通过一个简单工况的 $FLAC^{3D}$ 数值算例分析来验证提出方法的合理性。算例分析发现,数值解与本书方法得到的理论解都能较好地吻合,两者偏差较小,验证了本书方法的合理性。

③算例分析显示,对于弹性参数相差较大的层状地层,如果简化成均质地基模型得到的结论与实际情况相比会存在较大的误差,两者最大位移偏差达 17.6%;简化计算方法能较好地反映出上软下硬层状地层中的地基应力和变形集中现象,理论计算中适当考虑地基的层状分布特征对更加合理和准确地计算土体自由场位移解是具有实际意义的。

④提出方法作为一种针对基坑下卧地层附加位移场的近似求解,对一般基坑工程而言,其结果是可接受的。但对于深大复杂基坑而言,由于施工中存在利用空间效应的分块开挖、地层加固、换撑等各种措施来控制地层变形,理论研究中无法将这些影响因素都考虑进去,则不推荐使用本书方法进行定量分析,而仅作为定性分析手段,其计算结论可作为一种偏保守的参考值,此即为解析法存在的局限性。

第3章　基坑开挖对下卧隧道竖向变形影响的解析

　　已建地铁隧道上方的基坑开挖是一个高度系统性的综合工程。首先假设隧道不存在,上部开挖卸载会在隧道深度的土体处产生初始自由位移。然后考虑隧道存在,隧道结构刚度又会约束和限制土体自由位移。通过"隧道-土体"之间相互作用的不断调整,最终使得隧道附加变形与土体变形趋近耦合一致。如果基坑下方存在既有双洞小净距隧道的情况,两条隧道之间还会存在相互作用的"双洞效应",这种基坑与隧道、隧道与隧道之间的相互影响问题将变得更加复杂;此外,不同土质的地层(如砂性土、黏性土)在卸载应力路径下可能会呈现出弹性、粘-黏性等不同的力学特性,理论分析中有针对性地考虑不同土质条件的力学特性对下卧隧道的附加变形的影响是很有必要的。

　　为了更合理地评估基坑施工对邻近已建地铁隧道的影响,本章基于对现有隧道纵向结构计算模型的认识,提出了一种开挖卸荷条件下"隧道-土体"之间相互作用的整体耦合分析方法,根据不同的土质条件,分别推导了基坑开挖对下卧单洞、双洞隧道影响的弹性解和黏-弹性解;然后,将提出方法分别与目前已有的解析方法——"两阶段应力法"进行算例对比分析;最后,结合离心机试验和大型工程实例进行方法运用,以验证提出方法的合理性和有效性。

3.1　隧道纵向结构计算模型

　　开挖卸载改变了周围土体的应力状态并产生初始自由场位移场,下卧已建隧道的直接响应就是洞室结构的横向和纵向变形。目前,针对盾构隧道变形的认识主要集中在横向结构特性上,实际上盾构隧道纵向变形特性更加脆弱,当纵向变形值或弯曲曲率达到一定量之后纵向接缝处容易出现张拉破坏。因此,关于盾构隧道的纵向设计理论与保护技术研究正越来越受到重视。

盾构隧道的特点在于隧道衬砌的纵向及环向均是由螺栓将管片连接而成的筒状结构,如图 3.1 所示,由于接头和管片刚度差异使得纵向刚度在接缝处有明显的突变。因此,分析盾构隧道纵向变形性能的关键是建立合理的隧道纵向结构计算模型。根据理论研究中对环缝与纵向螺栓的简化方法不同,目前隧道纵向结构计算模型可以分为纵向梁-弹簧模型、等效轴向刚度模型和纵向等效连续化模型 3 种。

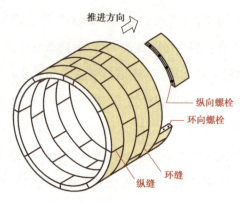

图 3.1　盾构隧道衬砌构造

3.1.1　纵向梁-弹簧模型

以小泉淳等[106]为代表的隧道纵向梁-弹簧模型在日本得到了广泛的运用。如图 3.2 所示,该模型采用直线梁单元来模拟每一环衬砌,采用弹簧单元的轴向、剪切和转动效应来模拟衬砌之间的环向接头和转动,土体与隧道之间的相互作用则采用弹簧单元来模拟。这种方法在理论上可以调整每一环管片和接头的参数,既能反映衬砌和接缝性能有变化的管片区段,也能适应各种情况下的盾构隧道。

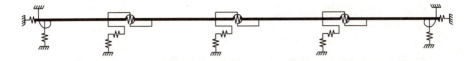

图 3.2　纵向梁–弹簧模型

纵向梁–弹簧模型的缺点是进行纵向分析时计算单元较多,模型中的弹簧轴向、剪切和转动效应系数都需要通过试验来确定,由于该模型是建立在适用于线弹性介质的卡式(Castigliano)第二定理基础上的,一般只能借助数值方法用于线性分析,无法有效地模拟接头的非线性性状以及结构–地层相互作用对隧道纵向刚度的增强作用。

3.1.2　等效轴向刚度模型

另一种理论是日本学者志波由纪夫等[107]提出的等效轴向刚度模型。如图3.3 所示,该方法假设隧道在横向为一均质圆环,将管片和接缝组成的盾构隧道等效为具有相同轴向刚度的均质连续梁。由于该方法直接是从衬砌环向接缝和螺栓受力变形性能角度上研究得出的等效模型,可直接给出管片和螺栓应力的显示理论解,而且具有概念清晰、计算简便等优点,因此成为应用最广泛的一种解析模型。

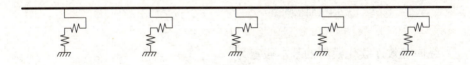

图 3.3　纵向等效连续化模型

等效轴向刚度模型虽然不能全面地考虑接缝和螺栓的影响,但是在计算纵向变形时抓住了问题的主要方面,能方便有效地得到问题的显示理论解答,为盾构隧道结构纵向理论研究提供了很好的研究方向。

3.1.3　纵向等效连续化模型

在实际工况中,隧道环缝纵向影响范围、连接螺栓预应力、横向接头刚度等3 个因素均会对隧道纵向刚度产生影响。因此,在求取隧道纵向等效弯曲刚度时,需要在传统纵向等效轴向刚度模型的基础上对以上因素进行理论修正。如图 3.4 所示,取两节衬砌环中心线长度 l_s 作为一个单元管段,环缝影响长度为 l_a ($l_a < l_s$)。当单元管段受到大小为 M 的弯矩作用时,单元转角 θ 由环缝影响范围内转角 θ_f 和环缝影响范围外转角 θ_s 两部分组成,即 $\theta = \theta_f + \theta_s$,则梁的理论弯曲曲率为 θ/l_s。

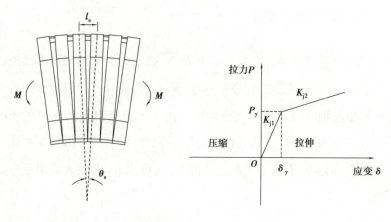

图 3.4　单元管段弯曲示意图　　　　图 3.5　螺栓 P-δ 图

纵向等效连续化模型的基本假定为:

①隧道横截面符合平截面假定,即横截面上每一点的附加变形与该点距中性轴的距离成正比。

②隧道截面中性轴位置和各点的应力分布沿隧道纵向不变,环缝作用范围内,截面受拉侧拉力全部由螺栓承担,受压侧压力全部由管片承担。

③采用沿衬砌环均匀分布的弹簧单元来模拟螺栓,螺栓受拉时按一定的弹簧系数变形,受压时变形为 0,如图 3.5 所示,图中 K_{j1},K_{j2} 分别为螺栓的一次、

二次弹簧系数,为方便计算,引入如下参数 K_{r1},K_{r2},

$$K_{r1} = \frac{K_{j1}}{\pi D}, K_{r2} = \frac{K_{j2}}{\pi D} \tag{3.1}$$

计算单位管段的变形时,可按环缝影响范围以外($l_s - l_a$)和环缝影响范围以内(l_a)两部分进行考虑。

①环缝影响范围以外的截面转角 θ_s

$$\theta_s = \frac{M(l_s - l_a)}{E_c I_c} \tag{3.2}$$

式中　E_c,I_c——盾构隧道管片弹性模量和截面惯性矩。

②环缝影响范围以内的截面转角 θ_f

当截面处于完全弹性状态时,根据变形协调条件和力学平衡条件可得到环缝影响范围以内的转角 θ_f 和截面中性轴位置 φ 分别为[108],

$$\theta_f = \frac{M l_a}{K_f E_c I_c} \tag{3.3}$$

$$\cot(\varphi) + \varphi = \pi\left(\frac{1}{2} + \frac{K'_{j1} l_a}{E_c A_c}\right) \tag{3.4}$$

式中　K_f——环缝影响范围内弹性弯曲刚度系数,其取值为,

$$K_f = \frac{\cos^3(\varphi)}{\cos(\varphi) + \left(\varphi + \dfrac{\pi}{2}\right)\sin(\varphi)} \tag{3.5}$$

式中　K'_{j1}——螺栓的一次有效刚度系数,其取值为,

$$K'_{j1} = \begin{cases} K_{j1} \dfrac{l_b}{l_a} & (l_b \geq l_a) \\[2mm] K_{j1} & (l_b < l_a) \end{cases} \tag{3.6}$$

式中　l_b——螺栓长度;将式(3.6)代入式(3.4)中,经整理可得,

$$\cot(\varphi) + \varphi = \begin{cases} \pi\left(\dfrac{1}{2} + \dfrac{K_{j1} l_b}{E_c A_c}\right) & (l_b \geq l_a) \\[2mm] \pi\left(\dfrac{1}{2} + \dfrac{K_{j1} l_b}{E_c A_c}\right) & (l_b < l_a) \end{cases} \tag{3.7}$$

式中 A_c——混凝土管片的净截面面积。

从式(3.7)可以看出,当螺栓长度 l_b 大于环缝影响范围 l_a 时,管片断面中性轴位置 φ 只与结构本身性质有关,而与环缝影响范围 l_a 无关;反之,当螺栓长度 l_b 小于环缝影响范围 l_a 时,中性轴位置 φ 还将受到环缝影响范围 l_a 的影响。

梁的等效单元转角 θ 为,

$$\theta = \theta_s + \theta_f = \frac{MI_s}{EI} \tag{3.8}$$

将式(3.2)、式(3.3)代入式(3.8)中可得,盾构隧道纵向等效弯曲刚度 EI 为,

$$EI = \frac{K_f I_s}{K_f(I_s - I_a) + I_a} \cdot E_c I_c \tag{3.9}$$

式中 I_c——截面惯性矩 $I_c = \pi [D^4 - (D-t)^4]/64$;

D——管片外径;

t——管片厚度。

由式(3.9)得出的盾构隧道纵向等效弯曲刚度虽然考虑了环缝影响范围和连接螺栓两个影响因素,但尚未考虑横向接头的存在对纵向弯曲刚度的削弱,因此,此处引入修正系数 $\eta_1(0 \leqslant \eta_1 \leqslant 1)$ 对式(3.9)进行修正;此外,隧道发生附加变形后,周围土体产生的抗力作用会明显地提高隧道的纵向结构刚度。因此,此处引入土层约束系数 $\eta_2(\eta_2 \geqslant 1)$ 对式(3.9)做进一步修正,得出的盾构隧道等效弯曲刚度 EI 的计算公式为,

$$EI = \eta_1 \eta_2 \cdot \frac{K_f I_s}{K_f(I_s - I_a) + I_a} \cdot E_c I_c \tag{3.10}$$

考虑到理论公式(3.10)中涉及的计算参数较多,理论分析中一般通过引入纵向刚度有效率 η' 对理论公式进行简化。具体概念为将实际盾构隧道等效为一均质隧道,把螺栓、接缝和横向接头等因素对整体刚度的影响作适当的降低处理,隧道纵向等效刚度为 $EI = \eta' E_c I_c$。在分析隧道纵向附加变形时,即可将隧道视为具有等效刚度的连续直梁。在相同的荷载作用下,真实隧道的最大位移 $\Delta_{真实隧道}$ 和等效后均质隧道的最大位移 $\Delta_{均质隧道}$ 相同时,即可得到隧道纵向刚度有

效率 η' 为

$$\eta' = \frac{\Delta_{均质隧道}}{\Delta_{真实隧道}}, \eta' < 1 \tag{3.11}$$

3.2　单洞隧道竖向附加位移的弹性解

就力学机理而言,基坑开挖卸载引起的下卧隧道纵向变形问题涉及"基坑""土体"和"隧道"这 3 个系统之间的相互作用。首先是基坑施工引起周围土体产生竖向自由位移场;其次是隧道周围土体在自由运动过程中又与隧道发生相互作用,从而使隧道产生纵向附加位移和内力;"土体"与"隧道"之间的变形不断发生相互约束、调整至耦合一致。理论分析中,只有将这 3 个系统结合起来才能得到问题的正确解答。

3.2.1　隧道与土体的相互作用分析

首先分析基坑开挖后单洞隧道与周围土体之间的相互作用情况,建立如图 3.6 所示的分析模型,基坑下方只存在一条平行于基坑长边方向的单洞隧道,隧道轴线上任一点坐标为 (x_0, y, z_0)。

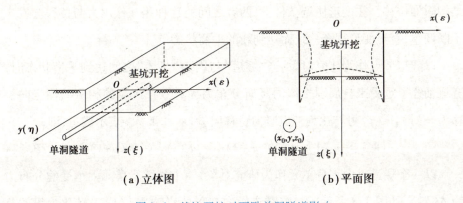

(a) 立体图　　　　　　　　(b) 平面图

图 3.6　基坑开挖对下卧单洞隧道影响

根据 3.1 节方法,将隧道视为一根纵向等效弯曲刚度为 EI 的连续长梁。利用杆件结构有限元法,沿隧道轴线方向离散成 n 个等长梁单元,每个梁单元长度为 l,共计 $n+1$ 个节点,如图 3.7 所示。同时,与隧道接触的周围土体也相应地被划分成为 n 个单元和 $n+1$ 个接触节点。

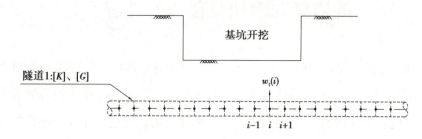

图 3.7　隧道轴线节点划分示意

首先,假设隧道不存在,上部基坑开挖卸载打破了原始地应力平衡并引起隧道位置处的周围土体产生自由竖向位移场,采用节点位移向量 $\{w_s^{(1)}\}$ 来表示周围土体接触节点处的竖向自由位移,下标 s 表示土体,即,

$$\{w_s^{(1)}\} = \{w_s^{(1)}(1), w_s^{(1)}(2), w_s^{(1)}(3), \cdots, w_s^{(1)}(i), \cdots, w_s^{(1)}(n+1)\} \quad (3.12)$$

实际上,由于接触节点位置处隧道结构刚度的存在,"隧道"与周围"土体"之间会发生相互作用,这种相互作用表现为:一方面,隧道刚度会对土体接触节点的自由运动产生约束效应;另一方面,隧道自身在这个相互作用力下会产生结构附加位移。在变形协调条件下,两者之间的这种相互作用力与位移会发生不断调整,直至变形耦合一致而达到新的平衡状态。

以隧道节点作为研究对象,当"隧道"与周围"土体"之间达到平衡状态时,隧道轴线上承受来自周围土体的竖向分布力为 $f_s(y)$,产生的相应结构竖向位移为 $w_t(y)$,$w_t(y)$ 可转化为节点竖向位移向量 $\{w_t\}$,下标 t 表示隧道,即,

$$\{w_t\} = \{w_t(1), w_t(2), w_t(3), \cdots, w_t(i), \cdots, w_t(n+1)\} \quad (3.13)$$

以一个隧道纵向划分单元作为研究对象,一个连续梁单元上承受的分布力为 $\Delta f_s(y)$,如图 3.8 所示。忽略隧道轴向变形的影响,$\Delta f_s(y)$ 可转化为等效节点力 $F(i)$、$F(i+1)$ 和等效节点弯矩 $M(i)$、$M(i+1)$ 来表示。当单元划分长度 l

足够小时，$M(i)$、$M(i+1)$ 近似为 0。因此，开挖卸载引起的隧道轴向分布力 $f_s(y)$ 可转化为等效竖向节点力向量 $\{\boldsymbol{F}\}$ 来表示，即，

$$\{\boldsymbol{F}\} = \{F(1), F(2), F(2), \cdots, F(i), \cdots, F(n+1)\} \tag{3.14}$$

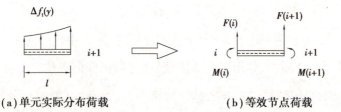

（a）单元实际分布荷载　　　　　（b）等效节点荷载

图 3.8　连续梁单元等效节点荷载

两节点四自由度的连续梁单元刚度矩阵 $[\boldsymbol{K}]^e$ 为：

$$[\boldsymbol{K}]^e = \begin{bmatrix} \dfrac{12EI}{l^3} & & & \text{symm} \\[3mm] \dfrac{6EI}{l^2} & \dfrac{4EI}{l} & & \\[3mm] \dfrac{-12EI}{l^3} & \dfrac{-6EI}{l^2} & \dfrac{12EI}{l^3} & \\[3mm] \dfrac{6EI}{l^3} & \dfrac{2EI}{l} & \dfrac{-6EI}{l^2} & \dfrac{4EI}{l} \end{bmatrix} \tag{3.15}$$

由单元刚度矩阵 $[\boldsymbol{K}]^e$，采用杆件有限元法叠加可求得连续梁整体刚度矩阵 $[\boldsymbol{K}]^T$，由 $[\boldsymbol{K}]^T$ 进一步可以得出连续梁节点竖向力与节点竖向位移之间的关系的整体刚度矩阵 $[\boldsymbol{K}]$。

3.2.2　单洞隧道变形的整体耦合平衡方程

根据连续梁等效节点竖向力 $\{\boldsymbol{F}\}$ 与节点竖向位移 $\{w_t\}$ 之间关系的整体刚度矩阵 $[\boldsymbol{K}]$，可得到隧道受力平衡的有限元方程为，

$$\{\boldsymbol{F}\} = [\boldsymbol{K}] \cdot \{w_t\} \tag{3.16}$$

以周围土体接触节点为研究对象，当"隧道"与周围"土体"之间的变形耦

合达到平衡状态时,周围土体接触节点处会承受来自隧道节点的竖向力向量为 $\{f_t\}$,使土体发生约束位移,由 $\{f_t\}$ 产生的相应土体接触节点竖向位移向量 $\{w_s^{(2)}\}$ 可表示为,

$$\{w_s^{(2)}\} = [G] \cdot \{f_t\} \tag{3.17}$$

式(3.17)中,$[G]$ 为周围土体接触节点柔度矩阵,矩阵中任一元素 G_{ij} 的力学含义为:连续土体介质中,作用于土体接触节点 j 处的竖向单位力 1 引起的土体接触节点 i 处的竖向位移。三维坐标分析模型内,节点 i,j 处坐标分别为(x_0,y_i,z_0) 和(x_0,y_j,z_0),则 G_{ij} 的大小可以根据半弹性空间体内部作用集中荷载下的 Mindlin 位移解来计算,如下,

$$G_{ij} = \frac{1+\bar{v}}{8\pi\bar{E}(1-\bar{v})} \cdot \left[\frac{v_1}{R_{1G}} + \frac{z_1^2}{R_{1G}^3} + \frac{v_2}{R_{2G}} + \frac{v_1 z_2^2 - 2z_i z_j}{R_{2G}^3} + \frac{6z_i z_j z_2^2}{R_{2G}^5} \right] \tag{3.18}$$

式(3.18)中,$\bar{v}$ 为土层泊松比的加权平均值,$v_1 = 3 - 4\bar{v}$、$v_2 = 8\bar{v}^2 - 12\bar{v} + 5$;$\bar{E}$ 为土层弹性模量的加权平均值;变量 $R_{1G} = |y_i - y_j|$、$R_{2G} = \sqrt{(y_i - y_j)^2 + (z_i + z_j)^2}$。

由式(3.18)计算得到的 G_{ii} 会趋于无限大,说明该公式并不适用于计算节点单位力引起的节点自身的位移。因此,此处采用以圆周竖向位移平均值来代替圆心位移的办法,对接触节点 i 处以隧道半径 R 为圆周划分成为 t 个节点,则,

$$G_{ii} = \frac{1}{t} \sum_{s=1}^{t} G_{s,i} \tag{3.19}$$

隧道结构、土体之间相互作用的力学平衡条件为,

$$\{F\} = -\{f_t\} \tag{3.20}$$

由于隧道与周围土体之间不会发生分离,满足位移相容条件,则"隧道"-"土体"变形耦合一致后的位移协调方程为,

$$\{w_t\} = \{w_s^{(1)}\} + \{w_s^{(2)}\} \tag{3.21}$$

联合式(3.16)、式(3.17)、式(3.20)和式(3.21),即可得到基坑开挖卸载后,下卧隧道纵向变形性状的整体耦合平衡方程为,

$$([G] \cdot [K] + IE) \cdot \{w_t\} = \{w_s^{(1)}\} \qquad (3.22)$$

式(3.22)中，IE 为单位矩阵。

由于整体耦合平衡方程(3.22)中涉及的系数矩阵是奇异的，为了得到唯一解，需要引入边界约束条件来限制结构整体刚性位移。黄宏伟等[37]研究表明，基坑开挖卸载对下卧隧道的纵向影响范围约为 6 倍开挖长度，为了尽量消除边界效应对计算结果的影响，本书认为 10 倍开挖尺寸($L_0 = 10L$)之外隧道结构受力及变形不再受卸载的影响，如图 3.9 所示。边界条件为，

$$\begin{cases} w_t(L_0/2) = 0, w_t(-L_0/2) = 0 & \text{边界位移为 0} \\ w'_t(L_0/2) = 0, w'_t(-L_0/2) = 0 & \text{边界曲率为 0} \end{cases} \qquad (3.23)$$

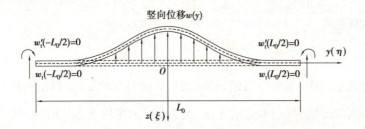

图 3.9　隧道竖向位移边界条件

由式(3.22)可知，只要确定了基坑开挖卸载引起的隧道周围土体接触节点处的土体竖向自由位移向量$\{w_s^{(1)}\}$，并将其作为输入参数代入平衡耦合方程(3.22)，就可以求得隧道纵向附加位移向量$\{w_t\}$。因此，合理确定开挖引起的土体竖向自由位移是正确求解问题的关键，此处采用本书第 2 章中提出的土体自由位移场分析方法来计算$\{w_s^{(1)}\}$，该方法不仅能考虑层状地层中基坑各开挖面的主要卸荷因素，还能考虑层状地基、工程降水、围护墙和支撑结构等附加因素的影响，其得到的土体自由场位移解更加符合实际。

求出隧道结构附加位移向量$\{w_t\}$之后，采用插值法将其拟合成为样条曲线$w_t(y)$。根据材料力学，分别对$w_t(y)$进行一次、二次和三次求导，即可进一步得到基坑开挖引起的隧道结构变形曲率$w'_t(y)$、附加弯矩$M_t(y)$和附加剪力$Q_t(y)$的纵向分布函数，分别为，

$$\begin{cases} w'_t(y) = \dfrac{\mathrm{d}w_t(y)}{\mathrm{d}y} \\[2mm] M_t(y) = -EI\dfrac{\mathrm{d}^2 w_t(y)}{\mathrm{d}y^2} \\[2mm] Q_t(y) = -EI\dfrac{\mathrm{d}^3 w_t(y)}{\mathrm{d}y^3} \end{cases} \qquad (3.24)$$

3.2.3　与两阶段应力法的对比

本节通过一个简单工况的数值算例,将提出方法与目前预测基坑开挖对坑外隧道影响的常用解析法——"两阶段应力法"进行了算例对比分析,以体现本书方法的优越性。

1)两阶段解析法简介

针对地下开挖(基坑或隧道)引起的坑外隧道纵向变形,目前国内外常用解析方法为两阶段法,其基本假定为:a.地基土层为均质土体,弹性参数 E,u 取各地层参数的加权平均值;b.隧道是一根 Euler-Bernoulli 弹性地基长梁,隧道与土体之间变形不发生分离。

其主体思想是将开挖对邻近隧道的影响分为两个阶段分别考虑:第一阶段计算开挖作用下既有隧道位置处土体附加应力或位移;第二阶段将既有隧道简化为某种地基模型的弹性地基梁,并将第一阶段计算得出的应力或位移施加于地基梁上来求解隧道附加变形。根据第一阶段分析角度的不同,两阶段法又可以分为位移法和应力法,关于盾构隧道开挖引起的周围土体位移已有相应的解析解(如 Loganathan & Poulos 解),因此多采用两阶段位移法;而针对基坑开挖问题,则大多采用两阶段应力法。下面将简要说明两阶段应力法的求解过程。

(1)开挖作用于隧道结构上的竖向附加荷载

自由场地时基坑开挖引起的隧道位置处土体竖向附加应为 $\sigma_z(y)$ 可采用 Mindlin 应力解来求解,过程与本书第 2 章中求解应力分量的过程类似,即分别求出坑底面和 4 个侧壁面卸载引起的隧道位置处竖向附加应力,然后进行叠加。求出 $\sigma_z(y)$ 后,进一步可得出隧道竖向附加荷载 $q_z(y)$ 为,

$$q_z(y) = D \cdot \sigma_z(y) \tag{3.25}$$

(2)附加荷载作用下的隧道竖向位移

第 2 阶段计算隧道竖向位移时,需要模拟"隧道"与"土体"之间的相互作用。目前大都采用单参数 Winkler 弹性地基梁模型,Winkler 模型属于简单的线弹性地基模型,把地基模拟成刚性底座上的一系列互相独立的弹簧。具有使用方便,计算简捷的优点,其缺点是无法考虑土体的剪切刚度。因此,部分学者提出了较复杂的双参数地基模型,通过增加一层剪切层使弹簧单元之间产生联系,从而反映土体连续性。双参数地基模型从理论上改进了 Winkler 地基模型的缺点,比较有代表性的有帕斯捷纳克(Pasternak)模型、费洛年柯-鲍罗基(Filonenko-Borodich)模型、符拉索夫(Vlasov)模型以及海藤义(Hetenyi)模型等。图 3.10 表示了两种典型地基模型。

附加外荷载 $q_z(y)$ 作用下,图 3.10 中两种地基模型的隧道挠曲变形平衡微分方程分别为:

$$\left. \begin{array}{l} \text{Winkler 模型} \quad EI\dfrac{\mathrm{d}^4 w(y)}{\mathrm{d}y^4} + K_w w(y) = q_z(y) \\[4mm] \text{Pasternak 模型} \quad EI\dfrac{\mathrm{d}^4 w(y)}{\mathrm{d}y^4} - DG_p\dfrac{\mathrm{d}^2 w(y)}{\mathrm{d}y^2} + DK_p w(y) = q_z(y) \end{array} \right\} \tag{3.26}$$

式中 K_w, K_p——Winkler 模型和 Pasrernak 模型的地基基床系数;

G_p——Pasternak 模型的剪切模量。

式(3.26)涉及四阶非齐次常微分方程的求解,可以采用解析法进行求解,也可采用数值微分方法求解,本书不做展开。

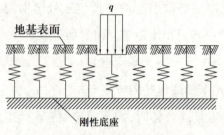

（a）单参数地基模型(Winkler模型)

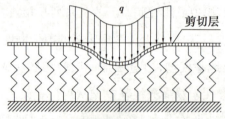

（b）双参数地基模型(Pasternak模型)

图 3.10   两种典型的地基模型

（3）地基参数的确定

采用弹性地基模型计算隧道位移时,确定地基参数取值是影响模型计算精确度的关键。一种途径是通过现场平板荷载试验来直接获取,该方法获得的参数值较可靠,但是花费成本高;另一种途径是采用简化弹性空间法[109],此时,地基参数可表示为,

$$K_w = K_p = \frac{E}{H_p}; G_p = \frac{E}{2(1+u)} \tag{3.27}$$

式中 H_p——地基厚度,即地基模型底部深度,根据徐凌[28]的研究,可取

$H_p = 6D$。

张治国等[26]建议采用 Vesic[110] 提出的地基基床系数公式进行求解,即,

$$K_w = \frac{0.65E}{1-v^2} \cdot \sqrt[12]{ED^4/EI} \tag{3.28}$$

简化弹性空间法虽然操作简便,但是由于引入较多假定条件,使计算结果误差较大;Attewell 等[51]和 Klar 等[52]通过分析均指出,Vesic 公式计算得到的系

数值严重偏小,在应用时建议扩大 2 倍甚至更多。目前的处理手段是对计算得到的地基参数进行修正来确定取值,通常是将简单工况下地基梁变形解析解与数值解进行对比[59],以纵向曲率偏差率最小化为原则,通过反复的理论试算来修正地基参数取值,其结果与实测数据吻合较好,但是过程较为烦琐。

2)方法对比

此处设置一个简单工况的数值算例,将本书提出的整体耦合分析方法和两阶段应力法进行对比分析。算例参数:假设某基坑开挖平面尺寸为 40 m×18 m,开挖深度为 8.0 m。基坑中心正下方有一条与基坑长边平行的盾构隧道,既有隧道与基坑底面之间的净距为 15.0 m,隧道纵向等效弯曲刚度取值为 $EI = 7.55 \times 10^8 \ kN \cdot m^2$。工程场地地层分布呈上软下硬的层状分布,地层参数取值见表 3.1。土的静止侧压力系数为 0.3。为了尽量简化计算模型,以确保数值模拟的精度,算例均不考虑围护结构、支撑结构和降水等因素的影响,即认为基坑侧壁面上存在一个最大值为 $0.3\gamma H$ 的三角形分布荷载。

表 3.1　算例地层参数

土层编号	$\Delta h_i/m$	$\gamma_i/(kN \cdot m^{-3})$	E_i/GPa	$u_i/(kN \cdot m)$
①	10	17.0	0.14	0.30
②	20	18.0	0.16	0.30
③	20	18.5	0.18	0.30
④	30	20.0	0.20	0.30

算例借助有限差分软件 FLAC³ᴰ 进行了数值分析,为了与理论计算的假定条件保持一致,数值模拟中采用线弹性本构关系来模拟土体,采用梁单元来模拟隧道结构的纵向变形性能。对于这种模型和边界条件都已非常简单的工况算例,可认为数值模拟得出的结论是可信的。

图 3.11 给出了隧道纵向变形的计算结果对比。可以看出,由于本书提出的耦合方法和有限差分数值模拟都是基于层状土体的整体分析方法,两者的计

算结果最为接近;而两阶段应力方法是一种分步计算方法,其结果对第二步所选择的地基模型有很大的敏感性,复杂的双参数 Pasternak 模型可以作为一种近似的选择,与数值解相比,位移最大值和曲率最大值偏差率分别为 11.1% 和 25.7%;而简单的单参数 Winkler 模型得出的结果最不理想,两者的偏差率分别达到47.2% 和 42.8%,表现为最大位移值、变形影响范围以及曲率最大值都显著偏大,其原因是 Winkler 模型没有考虑土弹簧单元之间的剪切刚度。

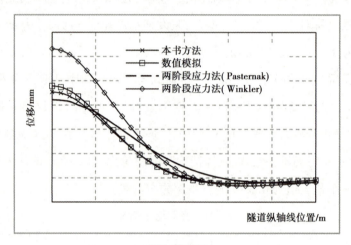

(a)纵向位移对比

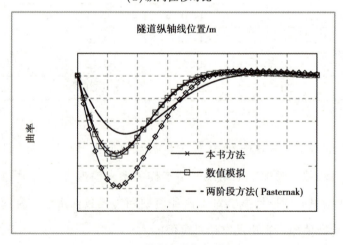

(b)纵向变形曲率对比

图 3.11　隧道纵向变形计算结果对比

本书方法与两阶段应力法的计算结果相比（无论是 Pasternak 解还是 Winkler 解），隧道纵向变形具有位移集中特性，即表现为位移最大值偏大，而变形影响范围偏小，其原因是上软下硬的层状地基在附加荷载作用下的土体应变集中特征对隧道纵向变形性状造成的影响。两阶段方法是基于均质土体的解答，将层状地层参数折算成平均值按照均质土体来处理，因而与本书方法相比，其结果不能体现层状地基的应力集中（或扩散）现象，会对隧道变形性能的计算带来一定的误差。

值得一提的是，虽然基于复杂地基模型的两阶段应力法也能给出问题的解答，且具备较高的精度，但与之相比，本书方法的特点在于直接对隧道和周围土体之间的不分离变形进行耦合分析，能更直接地体现隧道结构刚度的抗力作用，且计算过程中不需要选择具体的地基模型，因此省去了基床系数 K_v、剪切刚度 G 和地基厚度 H 等各种地基参数的确定，大大减少了计算参数的数量，并简化了计算过程；与数值模拟法相比，本书方法属于解析法的范畴，因此计算速度要快得多，且使用简捷方便，省去了复杂的建模过程，尤其是针对三维有限元模型表现得更加明显，所以利用本书方法能帮助设计人员在短时间内迅速地判定邻近隧道的变形性能，并作出相应的方案调整，提高设计效率。

3.2.4　与离心试验结果的算例对比

本节结合离心机模型试验结果进行算例分析，以评价本书方法的适用性和合理性。日本学者 Kusakabe[42] 在东京工业大学进行了一系列离心机试验来研究基坑开挖对邻近既有管道的影响。试验砂取自日本 Toyoura Sand 标准砂，Toyoura Sand 是国际著名的试验标准砂，其主要参数在土工试验领域已被广泛地接受和采用，Toyoura Sand 的主要参数指标见表 3.2。试验制备了相同密实度的均质砂土体，并设定砂土密度为 $1.57\ \mathrm{g/cm^3}$，弹性模量 $E = 15.73\ \mathrm{MPa}$，泊松比 $v = 0.5$。

表 3.2   Toyoura Sand 物理力学参数指标

$D50$	0.16
颗粒相对密度	2.64
最小孔隙比 e_{min}	0.605
最大孔隙比 e_{max}	0.977
不均匀系数 c_u	1.3

试验工况如图 3.12 所示,模型管道外径 $D=10$ mm,纵向弯曲刚度 $EI=20.29$ N·m²,埋深 35 mm,管道轴线距离地表埋深 35 mm;圆柱形基坑位于管道侧面,开挖深度 100 mm,直径 $d=50$ mm,基坑与既有管道之间设置了两种水平间距工况 $s=25$、50 mm,分别用来模拟小净距和大净距两种间距情况下管道对邻近开挖的响应;试验过程中采用"重液法"来模拟基坑开挖,即配置与砂土密度相同的重液并采用橡胶密封,待试验完全启动后,在试验重力场环境下通过开启排水阀门来完成开挖的模拟。

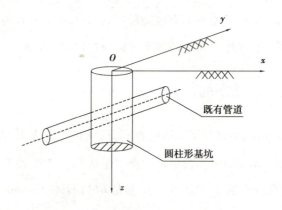

图 3.12   离心机试验工况

整个离心试验过程分为以下 3 个阶段:

阶段 1(0~6 min):逐级施加离心力场至 50g,待土体变形稳定。

阶段 2(6~8 min):在 50g 应力场状态下通过释放氯化锌重液来模拟基坑开挖,采集隧道监测断面的变形和受力数据。

阶段 3(8 ~ 20 min):逐级降低离心力场至常重力状态,结束试验。

图 3.13 给出了水平净距 s = 25 mm 工况下,离心机试验全过程中模型管道某监测断面竖向弯曲应变随时间的发展曲线。可以看出,阶段 1 生成试验模型初始地应力的过程中,既有管道会随着周围土体发生一定的初始应变,但应变增量不大,约占总应变量的 30%;在阶段 2 模拟开挖基坑的过程中,管道附加应变增量随着土体的开挖而急剧增大,约占总应变量的 70%,说明邻近基坑开挖卸载是引起管道附加变形的主要原因。

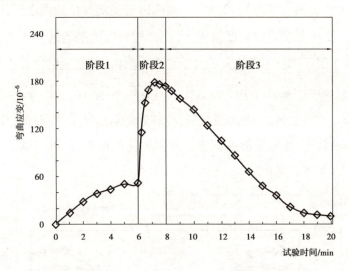

图 3.13　管道某截面弯曲应变发展曲线(s = 25 mm)

从图 3.13 可以看出,阶段 3 试验结束后,管道弯曲变形基本恢复至初始状态,残余变形(塑性变形)量值很小,仅占总变形量的 5.6%。说明对于砂性土质条件而言,邻近开挖引起的管道变形绝大部分都是弹性变形,本书在理论推导中所采用的线弹性假设是比较符合实际情况的。

采用本书整体耦合方法分别对两种试验工况下管道纵向附加内力进行了理论计算。求解圆柱形基坑开挖引起的土体竖向自由位移的过程中,需要在圆形区域的坑底面和柱形区域的侧壁面上进行积分,为方便求积,理论计算中将三维笛卡尔坐标转换成极坐标,如下:

$$x = x_0 + r \cos \theta ; z = z_0 + r \sin \theta ; \mathrm{d}x\mathrm{d}z = r\mathrm{d}r\mathrm{d}\theta \left(0 \leqslant r \leqslant \frac{d}{2} \right) \tag{3.29}$$

式中 x_0, z_0——管道横断面圆心坐标。

图3.14表示了管道竖向弯矩的试验值和理论计算值对比曲线。可以看出,两者分布规律和影响范围大致相同。在 $s=50$ mm 的工况下,管道附加弯矩的理论值与试验结果吻合度较高;在 $s=25$ mm 的工况下,部分测点弯矩的理论计算值要比试验值偏小,距离基坑开挖区域的轴线距离越近,则两者的偏差越大,弯矩最大值的偏差率约为 12.8%。其原因是基坑开挖卸载之后,距离基坑越近的区域,土体受扰动的程度就越大,使得坑外周围附近的土体进入塑性屈服状态并发生了一部分不可恢复的残余变形,土体内管道也随之发生了较大的附加位移,而理论计算中对小净距条件下仍假设基坑周围土体为弹性状态,因此理论值要比试验值偏小;而距离基坑较远的区域,土体受扰动程度相对较小,仍然处于弹性状态,土体变形的试验条件和理论假设条件一致,则此时两者的偏差较小。

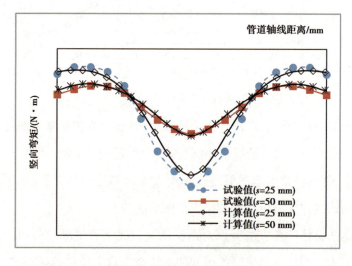

图3.14 管道竖向弯矩对比

上述分析表明,对于基坑开挖区域与隧道之间的净距较大的情况下,本书方法给出的预测值是符合实际的,但是对于净距很小的情况下(如小于 $1D$),如果土体在天然状态下开挖,则预测值会偏危险,这也是本书解析法的局限性。但是在实际工程中,对于这种小净距近接基坑开挖前,一般规范及设计文件均会要求对隧道周围地层采取相应加固和改良措施(如压浆法、冻结法、改良中间地等方法),用来提高土体力学参数以增强其抵抗变形的能力,然后进行基坑开挖,使得既有隧道结构附加内力和变形比天然状态下开挖所产生的量值小。此时理论预测值与实际值之间的偏差会减小,由于本书方法无法考虑地层加固的影响,其预测值甚至会偏保守。

3.2.5　工程实例运用与分析

本节依托大型工程实例进行方法运用,以验证方法的有效性。某新建下穿公路隧道位于已建地铁线路上方,并与之共线,形成了上、下重叠的空间位置关系,如图 3.15 所示。其中,公路隧道采用明挖顺做法施工,开挖基坑平面尺寸 $L \times B = 4.0 \text{ m} \times 16 \text{ m}$,开挖深度 $H = 8 \text{ m}$,围护结构采用 φ100@120 悬臂支护排桩,排桩纵向间距为 4.0 m。地铁隧道位于明挖基坑侧下方,隧道中心线与基坑纵向的水平、竖直净距分别为 6 m、10 m,隧道纵轴线与基坑长边方向平行,盾构管片外径为 6.0 m,厚度为 0.35 m。工程场地地层以填土层、砂土层、砾质黏土层和全风化花岗岩层为主,静止侧压力为 $K_0 = 0.36$,地层参数见表 3.3。工程设计文件要求上部基坑开挖卸载之后,已建地铁隧道结构隆起位移允许值为 10 mm。

采用本书方法对工程实例中地铁隧道纵向变形和受力进行了理论计算,由于本工程场地土体侧压力系数较小,基坑开挖深度较浅,可认为侧壁面水平卸载对下卧隧道造成的竖向附加变形量值很小。因此,为了简化计算忽略了围护结构的作用,即把侧壁面上土体的水平卸荷按照完全释放来考虑。根据徐凌[28]在志氏模型基础上进行的大量模型试验和现场测试所得出的结论,采用错缝拼装的盾构隧道纵向等效刚度有效率的取值范围为 $\eta = 1/5 \sim 1/7$。本次计算取为 1/6,则隧道纵向等效抗弯刚度为 $1.431 \times 10^8 \text{ kN/m}^2$。

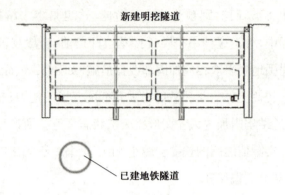

图 3.15　明挖隧道与地铁隧道之间的位置关系剖面图

表 3.3　场地地质参数

编号	土层名称	Δh_i/m	γ_i/(kN·m^{-3})	E_i/GPa	u_i/(kN·m)
①	填土层	4	17.5	0.092	0.34
②	砂土层	10	18.0	0.081	0.32
③	砾质黏土	16	18.5	0.120	0.32
④	全风化花岗岩	40	20.0	0.162	0.30

　　工程算例借助有限差分软件 FLAC^{3D} 进行了数值模拟分析。为了尽量使数值模拟与理论计算中的假定条件保持一致,数值模拟中采用线弹性本构模型来模拟土体;采用梁结构单元(beam)来模拟隧道,梁单元泊松比为 0.2,弹性模量取为 C50 混凝土管片弹性模量的 1/6,用于反映管片接头、接缝的存在对隧道纵向刚度的折减。图 3.16 为三维网格划分图。工程实例分析中,以目前较为成熟的数值解为准,通过解析解与实测值或数值解的差异程度来判断解析成果的正确性。

　　(1)纵向附加位移分析

　　基坑施工中对已建地铁隧道进行了监测,图 3.17 为运用本书方法对已建隧道纵向位移的理论预测值与施工现场实测数据以及数值模拟结果的对比。

可以看出,上部基坑开挖后,隧道纵向受影响的隆起范围约为 3 倍开挖长度,隧道最大位移值为 4.4 mm,表明在净距 10 m(约 1.5 倍洞径)的覆土埋深下,上部开挖卸载后隧道附加变形能满足设计对最大变形量的要求标准,而不需要采取辅助措施。

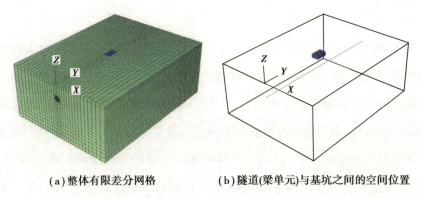

(a)整体有限差分网格　　　　　(b)隧道(梁单元)与基坑之间的空间位置

图 3.16　三维网格划分图

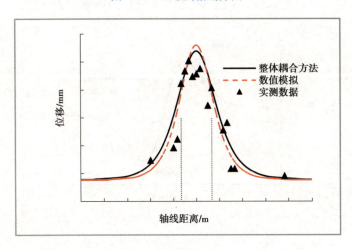

图 3.17　隧道纵向附加位移对比图

理论计算得到的隆起曲线与数值模拟曲线吻合度很高,其原因是在数值模拟过程中,基坑开挖卸荷模式与本书方法的计算模式基本一致,而且土体采用线弹性模型、隧道采用梁单元模型,这与本书理论方法中的假定条件也是一致的;与现场实测数据相比,本书方法的计算结果能大致反映实际隧道的隆起规律,但测点的理论计算结果比实测值普遍偏大,这主要是因为本算例为简化计算而忽略了围护墙的水平支护作用,以及实际施工中采取了横向分幅、竖向分层开挖等时空效应施工方法来减小土体卸荷效应的影响。然而这些因素在理论方法中并没有考虑。

(2)纵向变形曲率分析

图3.18给出了隧道附加变形曲率分布图。盾构隧道变形曲率过大容易导致管片环间缝隙防水失效,根据上海地区规范要求[3],既有地铁隧道受邻近施工影响下的变形曲率半径不得小于15 000 m。从图中可以看出,曲率最大值为5.4×10^{-5},出现在距离纵向开挖侧壁15 m处,相应的曲率半径为18 518 m,则发生上述变形符合隧道保护的要求;以纵向曲率为0的点代表变形曲线反弯点,可以看出,反弯点位置出现在基坑中心正下方和距离基坑中心约120 m的位置,即约3倍基坑开挖长度,与上述隧道附加位移的影响范围一致。

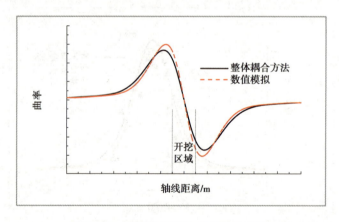

图 3.18　隧道纵向附加变形曲率对比

(3)纵向弯矩分析

图3.19给出了隧道纵向弯矩分布图。由于盾构管片衬砌自身环缝构造的特点,盾构隧道纵向抗弯性能非常脆弱,附加弯矩作用下隧道受弯断面中性轴将向受压侧发生移动,受拉侧管片环缝受拉应力而张开,拉力全部由张开处纵向连接螺栓承受,距离中性轴越远,承受拉力越大,因此,其纵向抗弯能力与截

面惯性矩以及纵向螺栓刚度、颗数和倾斜角等因素有关,文献[111]针对南京盾构隧道求得的螺栓在屈服拉应力下对应最大弯矩为 $1.045×10^8$ N·m。

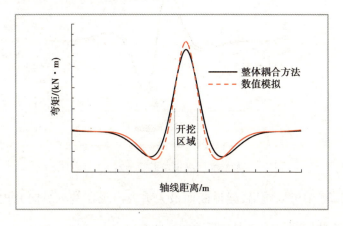

图 3.19　隧道纵向附加弯矩对比

从图中可以看出,本工程上部基坑开挖后引起的隧道最大附加正弯矩位于基坑中心正下方位置,为 $3.822×10^5$ N·m,该断面拱顶部管片混凝土处于受拉最不利状态;最大负弯矩出现则在距离纵向开挖侧壁约 40 m(约 1 倍基坑开挖长度)的位置,为 $1.252×10^5$ N·m,该断面拱底部混凝土处于受拉最不利状态。通过工程类比可知,两个最不利断面附加弯矩值均小于 $1.045×10^8$ N·m,表明本工程隧道结构抗弯性能是稳定的。既有隧道一侧沿纵向附加弯矩受影响范围为 120 m 左右,即约 3 倍基坑开挖长度,与上述附加变形受影响范围一致。

(4)纵向剪力分析

图 3.20 给出了隧道纵向附加剪力分布图。在内外荷载改变或周围地层的扰动下,隧道的纵向变形基本上是以环缝错台的方式进行的,而断面附加剪力是引起错台病害的直接原因,工程中如果盾构管片纵接环缝缝面上的摩擦力和接头螺栓抗剪能强度之和不足以抵抗断面附加剪力,管片就会发生错台、错位,严重时甚至会导致失稳破坏。根据文献[112]的研究,盾构隧道截面螺栓(M36型 8.8 级)抗剪能力为 $4.90×10^6$ ~ $6.40×10^6$ N。

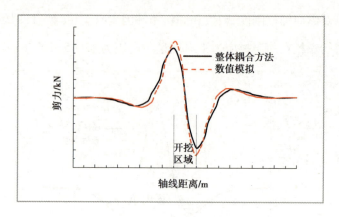

图 3.20　隧道纵向剪力对比

从图 3.20 中可以看出,隧道断面最大剪力出现在基坑纵向开挖侧壁位置附近,即土体开挖卸载区与未卸载区交界面的正下方,为 $1.5×10^4$ N。通过工程类比可知,两个最不利断面附加剪力值均小于 $4.90×10^6$ N,表明本工程隧道仍具备足够的抗剪能力。隧道一侧沿纵向受剪影响范围也为 120 m 左右,与上文对比可知,开挖卸载引起的隧道纵向附加变形(位移、曲率)和内力(弯矩、剪力)受影响范围是一致的。

3.3　双洞隧道竖向附加位移的弹性解

本章 3.2 节推导了基坑下方存在单洞隧道情况下的结构纵向附加位移解析解。实际上,城市地铁隧道线路可能会存在双洞并行的情况,随着我国地下空间的不断开发与利用,地下轨道交通网络将会越来越密集,这种小净距并行隧道的情况也会大量涌现。在城市复杂敏感的地质环境条件下,当双洞隧道间距 d 较大时,两隧道之间的影响可以忽略不计;但是当间距 d 较小时,两隧道之间会存在"双洞效应",即分析基坑开挖卸载引起的其中一条隧道变形时,需要考虑另外一条隧道结构刚度的存在对其附加应力和变形的影响。

目前已有的理论成果都是集中于对土体自由位移场条件下单洞隧道研究,

而针对开挖卸荷对双洞隧道影响方面的解析成果尚未见发表。本节基于上面
3.2 节的研究思路,尝试推导双洞情况下隧道纵向变形性状的解析解。建立如
图 3.21 所示的分析模型:假设基坑下方存在两条并行隧道,隧道纵轴线平行于
基坑长边方向,隧道 1、隧道 2 轴线上任一点的坐标为分别 (x_1, y, z_1)、(x_2, y, z_2),两隧道之间的间距为 d。

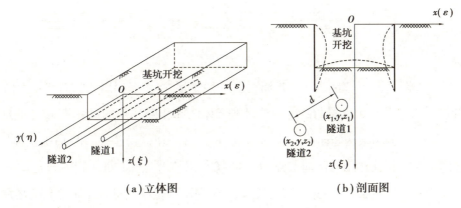

（a）立体图　　　　　　　　　　（b）剖面图

图 3.21　基坑开挖对双洞隧道的影响

3.3.1　"双洞效应"力学机理

如图 3.22 所示,对于基坑开挖区域下方存在两条并行隧道,同样将隧道视
为连续长梁,利用一维杆件有限元法,沿轴线方向分别将隧道 1、隧道 2 离散成
n 个等长梁单元。每个梁单元长度为 l,同时,与两隧道接触的周围土体也相应
地被划分成为 n 个单元和 $n+1$ 个接触节点。

首先,不考虑隧道 1、隧道 2 之间"双洞效应"的影响,即假设两条隧道之间
不发生相互作用。采用本章 3.2 节提出的整体耦合分析方法,可以分别求出基
坑开挖在隧道 1、隧道 2 轴线上引起的结构节点位移向量 $\{w_{t1}^{(1)}\}$、$\{w_{t2}^{(1)}\}$,详细
过程不再赘述。下标 $t1$、$t2$ 分别表示隧道 1、隧道 2,即,

$$\left.\begin{array}{l} \{\boldsymbol{w}_{t1}^{(1)}\} = \{w_{t1}^{(1)}(1), w_{t1}^{(1)}(2), w_{t1}^{(1)}(3), \cdots, w_{t1}^{(1)}(i), \cdots, w_{t1}^{(1)}(n+1)\} \\ \{\boldsymbol{w}_{t2}^{(1)}\} = \{w_{t2}^{(1)}(1), w_{t2}^{(1)}(2), w_{t2}^{(1)}(3), \cdots, w_{t2}^{(1)}(i), \cdots, w_{t2}^{(1)}(n+1)\} \end{array}\right\} \quad (3.30)$$

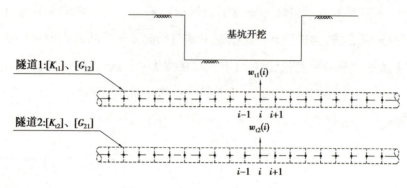

图 3.22　双洞隧道轴线节点划分

在实际情况下,"隧道 2"和"周围土体"之间存在相互作用的竖向节点力向量 $\{\boldsymbol{f}_{ts}^{(2)}\}$,该节点力向量 $\{\boldsymbol{f}_{ts}^{(2)}\}$ 在与周围土体之间相互作用的过程中会在邻近"隧道 1"上引起结构竖向附加位移向量 $\{\boldsymbol{w}_{t1}^{(2)}\}$;同理,"隧道 1"和"周围土体"之间也存在相互作用的竖向节点力向量 $\{\boldsymbol{f}_{ts}^{(1)}\}$,该节点力向量 $\{\boldsymbol{f}_{ts}^{(1)}\}$ 与土体之间的相互作用也会在"隧道 2"上引起结构竖向附加位移向量 $\{\boldsymbol{w}_{t2}^{(2)}\}$。上述即为"隧道 1"和"隧道 2"之间通过周围接触土体而产生相互影响的本质——"双洞效应"。这种"双洞效应"的力学机理可以将其表示为,

$$隧道\ 1: \{\boldsymbol{w}_{t1}^{(2)}\} = [\boldsymbol{G}_{12}] \cdot \{\boldsymbol{f}_{ts}^{(2)}\} \tag{3.31}$$

$$隧道\ 2: \{\boldsymbol{w}_{t2}^{(2)}\} = [\boldsymbol{G}_{21}] \cdot \{\boldsymbol{f}_{ts}^{(1)}\} \tag{3.32}$$

式(3.31)、式(3.32)中,$[\boldsymbol{G}_{12}]$、$[\boldsymbol{G}_{21}]$ 为隧道 1 与隧道 2 通过周围土体之间相互影响的柔度矩阵。其中,$[\boldsymbol{G}_{12}]$ 中任一元素 $[\boldsymbol{G}_{12}]_{ij}$ 的含义为:隧道 2 上第 j 个节点处作用的单位土体竖向力在隧道 1 上第 i 个节点处所引起的结构竖向位移;$[\boldsymbol{G}_{21}]$ 中任一元素 $[\boldsymbol{G}_{21}]_{ij}$ 的力学含义为:隧道 1 上第 j 个节点处作用的单位土体竖向力在隧道 2 上第 i 个节点处所引起的结构竖向位移。关于 $[\boldsymbol{G}_{21}]_{ij}$、$[\boldsymbol{G}_{12}]_{ij}$ 取值的计算方法,可基于弹性力学 Mindlin 基本解,采用本章 3.2 节提出的耦合分析方法来求解,具体过程略。

3.3.2　双洞隧道变形的整体耦合平衡方程

考虑隧道 1、隧道 2 之间"双洞效应"的影响,基坑开挖在下卧隧道 1、隧道 2

轴线上引起的节点竖向附加位移向量分别为$\{w_{t1}\}$、$\{w_{t2}\}$，

$$\left.\begin{array}{l}\{w_{t1}\}=\{w_{t1}(1),w_{t1}(2),w_{t1}(3),\cdots,w_{t1}(i),\cdots,w_{t1}(n+1)\}\\\{w_{t2}\}=\{w_{t2}(1),w_{t2}(2),w_{t2}(3),\cdots,w_{t2}(i),\cdots,w_{t2}(n+1)\}\end{array}\right\}\quad(3.33)$$

假设隧道与周围土体变形不发生分离，满足位移相容条件下，"隧道 1"-"土体"-"隧道 2"在上部基坑开挖卸载之后，三者之间的附加变形将发生相互调整和约束，直至变形耦合一致后的位移协调方程为，

$$隧道 1:\{w_{t1}\}=\{w_{t1}^{(1)}\}-\{w_{t1}^{(2)}\}\tag{3.34}$$

$$隧道 2:\{w_{t2}\}=\{w_{t2}^{(1)}\}-\{w_{t2}^{(2)}\}\tag{3.35}$$

分别将式(3.31)代入式(3.34)；将式(3.32)代入式(3.35)，可以得到，

$$\{w_{t1}\}=\{w_{t1}^{(1)}\}-[G_{12}]\cdot\{f_{ts}^{(2)}\}\tag{3.36}$$

$$\{w_{t2}\}=\{w_{t2}^{(1)}\}-[G_{21}]\cdot\{f_{ts}^{(1)}\}\tag{3.37}$$

根据隧道 1 对应的连续梁划分单元刚度矩阵$[K_{t1}]^e$，可以将其整合为整体刚度矩阵，进一步得到连续梁节点竖向力与节点竖向位移之间的关系的整体刚度矩阵$[K_{t1}]$。则"隧道 1"与其"周围土体"之间的相互作用节点力向量$\{f_{ts}^{(1)}\}$可以表示为，

$$\{f_{ts}^{(1)}\}=[K_{t1}]\cdot\{w_{t1}\}\tag{3.38}$$

同理，根据隧道 2 对应的连续梁划分单元刚度矩阵$[K_{t2}]^e$，可以得到连续梁节点竖向力与节点竖向位移之间的关系的整体刚度矩阵$[K_{t2}]$。则"隧道 2"与其"周围土体"之间的相互作用节点力向量$\{f_{ts}^{(2)}\}$可以表示为，

$$\{f_{ts}^{(2)}\}=[K_{t2}]\cdot\{w_{t2}\}\tag{3.39}$$

分别将式(3.39)代入式(3.36)，将式(3.38)代入式(3.37)，可以得到，

$$\{w_{t1}\}=\{w_{t1}^{(1)}\}-[G_{12}]\cdot[K_{t2}]\cdot\{w_{t2}\}\tag{3.40}$$

$$\{w_{t2}\}=\{w_{t2}^{(1)}\}-[G_{21}]\cdot[K_{t1}]\cdot\{w_{t1}\}\tag{3.41}$$

将式(3.41)代入式(3.40)，经整理可得，

$$([GK_{t1}^{(1)}]-IE)\cdot\{w_{t1}\}=[GK_{t1}^{(2)}]\cdot\{w_{t2}^{(1)}\}-\{w_{t1}^{(1)}\}\tag{3.42}$$

式(3.42)中,系数矩阵$[\boldsymbol{GK}_{t1}^{(1)}]=[\boldsymbol{G}_{12}]\cdot[\boldsymbol{K}_{t2}]\cdot[\boldsymbol{G}_{21}]\cdot[\boldsymbol{K}_{t1}]$;$[\boldsymbol{GK}_{t1}^{(2)}]=[\boldsymbol{G}_{12}]\cdot[\boldsymbol{K}_{t2}]$。

同理,将式(3.40)代入式(3.41),经整理可得,

$$([\boldsymbol{GK}_{t2}^{(1)}]-\boldsymbol{IE})\cdot\{\boldsymbol{w}_{t2}\}=[\boldsymbol{GK}_{t2}^{(2)}]\cdot\{\boldsymbol{w}_{t1}^{(1)}\}-\{\boldsymbol{w}_{t2}^{(1)}\} \tag{3.43}$$

式(3.43)中,系数矩阵$[\boldsymbol{GK}_{t2}^{(1)}]=[\boldsymbol{G}_{21}]\cdot[\boldsymbol{K}_{t1}]\cdot[\boldsymbol{G}_{12}]\cdot[\boldsymbol{K}_{t2}]$;$[\boldsymbol{GK}_{t2}^{(2)}]=[\boldsymbol{G}_{21}]\cdot[\boldsymbol{K}_{t1}]$。

式(3.42)、式(3.43)即为"隧道1""隧道2"与周围"土体"相互作用下,双洞隧道纵向变形性状的整体耦合平衡方程。

可以看出,只要采用本章3.2节方法分别确定了单洞情况下基坑开挖卸载在隧道1、隧道2结构节点处的引起的竖向自由位移向量$\{\boldsymbol{w}_{t1}^{(1)}\}$、$\{\boldsymbol{w}_{t2}^{(1)}\}$,然后将其作为输入参数分别代入平衡耦合方程式(3.42)和式(3.43)中,即可求解出双洞情况下隧道1、隧道2的纵向附加位移向量$\{\boldsymbol{w}_{t1}\}$和$\{\boldsymbol{w}_{t2}\}$。

同样,编程求解过程中,整体耦合平衡方程式(3.42)和式(3.43)中涉及的系数矩阵是奇异的,需要引入边界约束条件来限制结构整体刚性位移。隧道1、隧道2的边界条件分别为,

$$\text{隧道1:}\begin{cases} w_{t1}(L_0/2)=0,w_{t1}(-L_0/2)=0 & \text{边界位移为0} \\ w_{t1}'(L_0/2)=0,w_{t1}'(-L_0/2)=0 & \text{边界曲率为0} \end{cases} \tag{3.44}$$

$$\text{隧道2:}\begin{cases} w_{t2}(L_0/2)=0,w_{t2}(-L_0/2)=0 & \text{边界位移为0} \\ w_{t2}'(L_0/2)=0,w_{t2}'(-L_0/2)=0 & \text{边界曲率为0} \end{cases} \tag{3.45}$$

3.3.3 算例分析

本节借助有限差分软件FLAC^{3D}进行了一个简单工况的数值算例分析,将本书方法对单洞、双洞隧道得出的解析解分别与数值解进行了对比。同时,对"双洞效应"的影响因素进行探讨。

假设某基坑平面开挖尺寸为18 m×16 m,开挖深度为6 m,设置以下两种计算工况,工况1(单洞工况):基坑下方仅存在一条平行于长边的隧道,位于基坑

正下方 $z = 10$ m 深度处;工况 2(双洞工况):基坑下方存在两条隧道平行于长边的隧道,隧道 1 位于基坑正下方 $z = 10$ m 深度处,隧道 2 位于基坑正下方 $z = 14$ m 深度处。

为尽量简化数值模型,以保证数值模拟结论的可信度,同时使得数值分析条件与理论计算模式保持一致,分析中采用均质线弹性本构模型来模拟土体,只考虑坑底面竖向卸载作用,忽略侧壁面竖向卸载、工程降水、围护墙及横向支撑等其他因素的作用;采用梁结构单元(beam)来模拟筒状隧道结构,使隧道与土体之间的变形不发生分离。计算参数为:土体的重度 17.0 kN/m³,弹性模量 80 MPa,泊松比为 0.35;简化长梁单元(即隧道)的弹性模量为 34.5 GPa,泊松比为 0.2。图 3.23 所示为两种工况对应的数值分析模型。

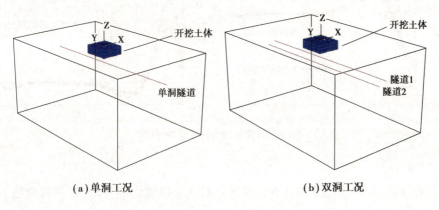

(a)单洞工况　　　　　　　(b)双洞工况

图 3.23　基坑与隧道空间位置示意图

1)计算结果对比

图 3.24 给出了采用本书方法计算得出的隧道 1(浅埋隧道)纵向附加变形和内力的解析解与数值解的对比。从图 3.24 中可以看出,两种方法得到的纵向附加变形和内力的分布曲线基本相似,其中附加位移和弯矩的计算结果吻合度较高,变形曲率和附加剪力的峰值大小和峰值位置的计算结果之间存在一定的差异,但这种差异是在理论计算可接受的误差范围之内,这从数值模拟的角度验证了本书方法的有效性。

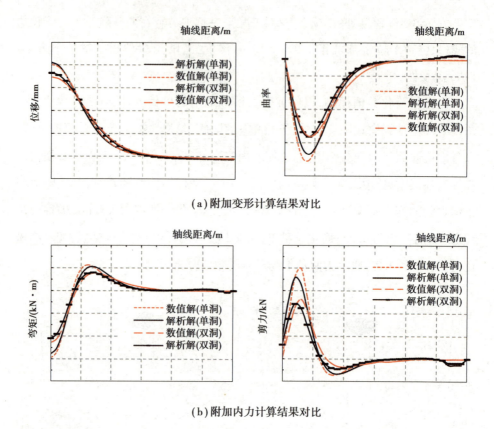

（a）附加变形计算结果对比

（b）附加内力计算结果对比

图 3.24　计算结果对比

　　将单洞、双洞情况下的计算结果进行对比可以看出，同样的开挖卸荷量下，隧道 1 的附加变形及内力值在单洞情况下的计算值要比双洞情况下的计算值明显偏小，开挖卸载引起的最大附加位移值、曲率值、弯矩值和剪力值分别降低了 10.11%、18.45%、24.52% 及 32.23%。说明隧道 1 下方隧道 2 结构刚度的存在对其附加变形和内力造成了一定程度的影响，主要表现为隧道 2 结构刚度在发生抵抗地层变形的过程中会减小隧道 1 所承受的地层附加变形内力，隧道 1 之于隧道 2 的影响亦同理。上述分析表明，当两隧道之间净距较小时，不应当忽视这种"双洞效应"的影响，如果理论计算中仍按照单洞隧道来处理，则会造成计算结果偏保守。

2）"双洞效应"的影响规律探讨

下面将利用本节算例的相关参数,对"双洞效应"的几个主要影响因素进行探讨。

（1）结构刚度的影响

隧道结构刚度的存在相当于在某种程度上加强了周围土层刚度,当双洞隧道间距较小时,为了探讨卸载条件下一条隧道结构刚度对另一条隧道附加变形的影响,假定隧道 1 正下方净距 6.0 m 处存在隧道 2,其中隧道 1 结构刚度为 $EI_{t1} = 70.0$ GN·m² 保持不变,隧道 2 结构刚度为 $EI_{t2} = \alpha \cdot EI_{t1}$（$\alpha$ 为结构刚度调整系数）,当 α 分别取 0.25,0.5,1.0,2.0,3.0,4.0 和 5.0 等 7 种取值时,隧道 1 纵向最大附加位移计算结果如图 3.25 所示。由图 3.25 可见,当 α 取值从 0.25 增大到 5.0 时,隧道 1 的最大隆起变形量减小了 8.81%。说明邻近结构刚度越大,隧道附加位移值就越小,结构刚度产生的附加变形约束作用越强,即"双洞效应"的影响就越明显。

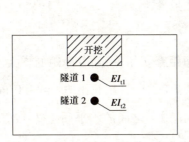
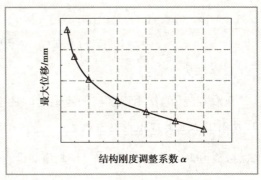

图 3.25　结构刚度对变形的影响

（2）相对位置的影响

隧道 1 和隧道 2 之间相互作用的影响程度与两隧道之间的相对位置有关。为了探讨相对位置的影响规律,假设隧道 1 位于基坑正下方 $z = 14.0$ m 处,剖面上两隧道轴心连线与竖直线的夹角为 θ,并保持隧道 1 位置以及两隧道之间净距 $d = 6.0$ m 不变,通过调整夹角 θ 取值来改变隧道 2 的位置,用以分析不同的位置工况下隧道 1 的纵向最大附加位移。（计算取 $EI_{t1}=EI_{t2}=180.0\ \mathrm{GN\cdot m^2}$）

图 3.26 给出了隧道 1 结构最大附加位移随两隧道之间夹角的变化曲线。可以看出,当夹角 $\theta=0°$ 时,竖向附加位移值最小,为 4.47 mm;随着夹角 θ 的增大,附加位移不断增大,当 $\theta=90°$ 时,竖向附加位移值最大。由上文分析可知,隧道结构附加位移越小,则"双洞效应"的约束影响作用越大。因此,当两隧道呈现上、下重叠并行的相对位置关系时($\theta=0°$),"双洞效应"影响程度最大;而两隧道呈左、右水平并行的相对位置关系时($\theta=90°$),隧道之间的相互影响程度最弱。

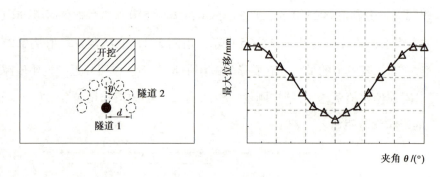

图 3.26　相对位置对变形的影响

（3）净距的影响

"双洞效应"的作用程度与两隧道之间的净距密切相关,随着净距的增大,其相互作用将越来越小直至忽略不计。假设隧道 1 位于基坑正下方 $z=14.0$ m 处,保持隧道 1 的位置不变,通过调整隧道 2 与隧道 1 之间的水平间距 d_1 或竖向间距 d_2 来分别探讨两隧道在竖直方向和水平方向的相互影响范围（计算取 $EI_{t1}=EI_{t2}=180.0\ \mathrm{GN\cdot m^2}$）。

图 3.27 给出了隧道 1 最大竖向附加位移随间距的变形曲线。从图 3.27（a）可见,当两隧道呈平行并行关系时,隧道 1 的最大附加位移随着横向间距 d_1 的增大而逐渐增大,$d_1>8.0$ m 后趋近稳定,然后在 $d_1=9.0$ m 位置处位移曲线发生了突变,其原因是受基坑侧壁面边界条件的影响,突变点之后的位移曲线

又立即趋近于稳定,排除基坑侧壁面边界的影响,可认为"双洞效应"在横向影响范围约为 1.3 倍洞径;从图 3.27(b)可见,当两隧道呈上、下重叠并行关系时,隧道 1 竖向附加位移随着竖向间距 d_2 的增大而不断增大,直至 $d_2>27$ m 之后变形才趋近与稳定,可认为"双洞效应"在竖向的影响范围为 4.3 倍洞径。

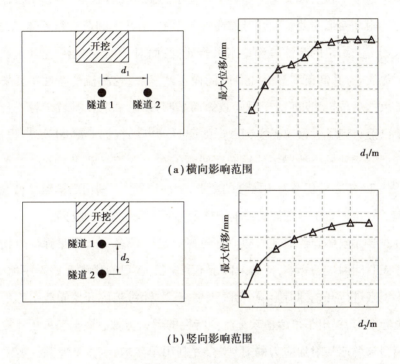

(a)横向影响范围

(b)竖向影响范围

图 3.27　"双洞效应"影响范围计算结果

　　根据上述分析可知,"双洞效应"的横向影响范围较小,而竖向影响范围较大;双洞平行并行的情况下,当横向间距大于 1.3 倍洞径时,为了简化计算可直接采用单洞整体耦合平衡方程来计算附加位移;而对于双洞重叠并行的情况,考虑到实际地铁埋深大都在 30 m 深度内,因此建议均采用双洞整体耦合平衡方程来计算附加位移。

3.4 隧道竖向附加位移的黏-弹性解

城市地下工程所涉及的土体是一种复杂的黏弹塑性体。一般来说,砂性地层的土体附加变形主要是以瞬时弹性变形为主,则开挖卸荷对邻近隧道的影响可以采用上文给出的弹性解理论来进行研究;而对于黏性地层,尤其是软塑黏土及淤泥质土,其卸荷变形会随着时间而不断发展,这种流变特性主要发生在施工结束之后(施工期间由于时间较短而不明显)。软黏土基坑工程变形的时间效应已经得到了大量现场实测数据的证明[113,114],根据 Burford 等[41]报道,伦敦地区低渗透软黏土地层中的地铁双线隧道在上方 The Shell Centre 基坑开挖结束长达 27 年之后仍在发生缓慢的变形;刘国彬等[115]利用三轴流变试验仪进行卸载试验也证明了开挖卸载后的土体变形具有明显的流变特征。

针对半无限体弹性地基的卸荷理论研究已经较多[116],但是弹性本构模型无法考虑时间因素的影响,使结果偏于不利。目前,已有学者开始采用黏-弹性本构模型来进行开挖卸荷影响研究,张俊峰[117]针对基坑开挖卸载引起的下卧隧道隆起变形,提出了可考虑软土流变特性的解析方法;张强[27]采用流变元件组合模型求解地基附加应力的时域解,并利用单参数 Winker 地基模型来分析隧道附加变形;周泽林和陈寿根[118]将软土地基考虑成为三参量 H-K 黏弹性体,推导了双参数 Pasternak 黏弹性地基模型上隧道附加变形时域解。这些研究大都是从两阶段应力法的角度出发,推导地基附加应力场的时域解,再将附加应力时域解代入某个地基模型中求解隧道变形的时域解,因而其结果与具体地基模型的选择密切相关,此外,土体流变性质对隧道下卧地基基床系数 k 影响的确定也很困难。

鉴于此,本节将从隧道与周围土体之间变形耦合的角度出发,尝试推导黏-弹性地基开挖卸载引起的地基附加位移场的时域解,然后结合本章 3.2 提出的整体耦合分析方法,将位移时域解代入整体耦合平衡方程,进而求解出隧道纵

向附加变形的时域解。为了简化流变理论分析模型,分析中做如下两点基本假定:

①土体为各向同性、均质的黏-弹性体。

②只考虑基坑开挖引起的坑底面土体竖向卸载和侧壁面土体水平卸载这两个主要因素的影响,忽略分层开挖、围护结构、加固措施及降水等其他附加因素的影响。

3.4.1　土体自由位移场的弹性解

自由边界半无限弹性体内部集中荷载作用下的 Mindin 基本解是弹性理论中的经典解,特别适用于分析城市浅埋岩土开挖所涉及的地基附加应力和位移等工程问题。

如图 3.28 所示,各向同性、均质的半无限弹性地基内部任一点 $M=(\varepsilon,\eta,\xi)$ 作用有一个 z 轴方向竖向集中力 P_0 和一个 x 轴方向的水平集中力 Q_0,则 P_0,Q_0 在地基内部任意一点 $N=(x,y,z)$ 处所引起的竖向附加位移 $w_p(x,y,z)$、$w_q(x,y,z)$ 分别为:

$$w_p(x,y,z)=\frac{P_0(1+\upsilon)}{8\pi E(1-\upsilon)}\cdot\left[\frac{3-4\upsilon}{R_1}+\frac{8(1-\upsilon)^2-(3-4\upsilon)}{R_2}+\frac{(z-\xi)^2}{R_1^3}+\right.$$

$$\left.\frac{(3-4\upsilon)(z+\xi)^2-2z\xi}{R_2^3}+\frac{6\xi z(z+\xi)^2}{R_2^5}\right] \tag{3.46}$$

$$w_q(x,y,z)=\frac{Q_0(1+\upsilon)(x-\varepsilon)}{9\pi E(1-\upsilon)}\cdot\left[\frac{z-\xi}{R_1^3}+\frac{(3-4\upsilon)(z-\xi)}{R_2^3}-\frac{6z\xi(z+\xi)}{R_2^5}+\right.$$

$$\left.\frac{4(1+\upsilon)(1-2\upsilon)}{R_2(R_2+z+x-\varepsilon)}\right] \tag{3.47}$$

式(3.46)、式(3.47)中,E 为地基土体的弹性模量;υ 为地基土体的弹性模量;变量 $R_1=\sqrt{(x-\varepsilon)^2+(y-\eta)^2+(z-\xi)^2}$；$R_2=\sqrt{(x-\varepsilon)^2+(y-\eta)^2+(z+\xi)^2}$

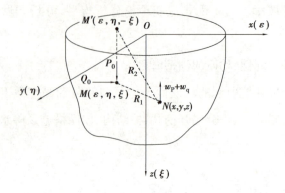

图 3.28　半无限弹性体的 Mindlin 位移解

3.4.2　土体三维黏-弹性本构关系

将天然土体考虑成黏-弹性材料,为了模拟土体流变本构关系,本书采用三参量 H-K 固体模型来描述其流变属性。如图 3.29 所示,该模型是由一个弹性体(H 体)和经典 Kelvin 体(K 体)串联而成,能反映荷载作用下土体的瞬时弹性变形和随时间逐渐增长并趋近稳定的黏-弹性变形。经典三维黏-弹性体本构关系可统一表述为,

$$\left.\begin{array}{l} P' \cdot S_{ij}(t) = Q' \cdot e_{ij}(t) \\ P'' \cdot \sigma_{kk}(t) = Q'' \cdot \varepsilon_{ij}(t) \end{array}\right\} \tag{3.48}$$

式中　$S_{ij}(t)$——偏应力张量;

$e_{ij}(t)$——偏应变张量;

$\sigma_{kk}(t)$——球应力张量;

$\varepsilon_{ij}(t)$——球应变张量;

P',Q',P'',Q''——时间变量 t 的线性微分,如下,

$$\left.\begin{array}{l} P' = \sum_{k=0}^{m} p'_k \dfrac{\mathrm{d}^k}{\mathrm{d}^k t}; Q' = \sum_{k=0}^{n} q'_k \dfrac{\mathrm{d}^k}{\mathrm{d}^k t} \\[4mm] P'' = \sum_{k=0}^{m} p''_k \dfrac{\mathrm{d}^k}{\mathrm{d}^k t}; Q'' = \sum_{k=0}^{n} q''_k \dfrac{\mathrm{d}^k}{\mathrm{d}^k t} \end{array}\right\} \tag{3.49}$$

式中　　p_k',q_k',p_k'',q_k''——与材料黏-弹性质相关系数。

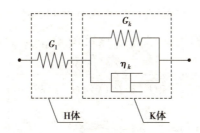

图 3.29　三参量 H-K 固体黏弹性模型

根据黏弹性力学可知[119],土体的流变性质表现为偏应力张量和偏应变张量之间的黏-弹性关系;土体的体积变化表现为球应力张量与球应变张量之间的弹性关系。由 H-K 固体模型的本构关系可知,其偏张量部分的黏-弹性关系为,

$$(G_1+G_k)\cdot S_{ij}(t)+\eta_k\cdot\frac{\mathrm{d}S_{ij}}{\mathrm{d}t}=2G_1G_k\cdot e_{ij}(t)+2G_1\eta_k\frac{\mathrm{d}e_{ij}}{\mathrm{d}t} \qquad (3.50)$$

H-K 模型球张量部分的弹性关系为,

$$\sigma_{kk}(t)=3K\cdot\varepsilon_{kk}(t) \qquad (3.51)$$

式(3.50)、式(3.51)中　K——体积模量;

　　　　　　　　　　η_k——黏性系数;

　　　　　　　　　　G_1,G_k——H 体和 K 体的剪切模量。

根据式(3.50)、式(3.51)即可知式(3.49)中微分算子的表达式为,

$$\left.\begin{array}{ll}P'=(G_1+G_k)+\eta_k\dfrac{\mathrm{d}}{\mathrm{d}t}; & Q'=2G_1G_k+2G_1\eta_k\dfrac{\mathrm{d}}{\mathrm{d}t}\\[3mm]P''=1; & Q''=3K\end{array}\right\} \qquad (3.52)$$

对式(3.52)进行拉式变换可得,

$$\left.\begin{array}{ll}\overline{P'}=(G_1+G_k)+\eta_k s; & \overline{Q'}=2G_1G_k+2G_1\eta_k s\\[2mm]P''=1; & Q''=3K\end{array}\right\} \qquad (3.53)$$

一般岩土工程中,土体卸荷变形而产生的惯性力与其承受的静力相比是可

以完全忽略的,因此开挖卸荷属于准静态问题,根据准静态问题的对应原理[119]可知,弹性材料是黏-弹性材料在黏滞系数 $\eta_k = 0$ 时的一种极限情况,弹性模量 $E(t)$ 和泊松比 $v(t)$ 对应的拉式变换表达式 $E(s)$、$v(s)$ 分别为,

$$\left.\begin{array}{l} E(s) = \dfrac{3\overline{Q''}(s)\overline{Q'}(s)}{2\overline{Q''}(s)\overline{P'}(s)+\overline{Q'}(s)\overline{P''}(s)} \\[3mm] v(s) = \dfrac{\overline{Q''}(s)\overline{P'}(s)-\overline{Q'}(s)\overline{P''}(s)}{2\overline{Q''}(s)\overline{P'}(s)+\overline{Q'}(s)\overline{P''}(s)} \end{array}\right\} \tag{3.54}$$

将式(3.53)代入式(3.54)中,可得,

$$\left.\begin{array}{l} E(s) = \dfrac{9K(G_1 G_k + G_1 \eta_k s)}{3K(G_1 + G_k + \eta_k s)+G_1 G_k + G_1 \eta_k s} \\[3mm] v(s) = \dfrac{3K(G_1 + G_k + \eta_k s)-2G_1 G_k - 2G_1 \eta_k s}{6K(G_1 + G_k + \eta_k s)+2G_1 G_k + 2G_1 \eta_k s} \end{array}\right\} \tag{3.55}$$

3.4.3 土体自由位移场的黏-弹性解

为了求解地基土体自由位移的时域解,利用准静态问题的弹性-黏弹性对应原理及拉式变换方法,假设半无限黏弹性地基内部承受突加竖向集中荷载 $P(t) = P_0 \cdot H(t)$,其中 $H(t)$ 为 Heaviside 函数。对 $P(t)$ 进行拉式变换可得,

$$\overline{P}(s) = \frac{P_0}{s} \tag{3.56}$$

将式(3.55)和式(3.56)代入式(3.46)中,经整理,即可得到半无限黏弹性地基在竖向集中荷载 $P(t)$ 作用下的土体竖向附加位移场的拉式表达式 $w_p(x,y,z,s)$ 为,

$$\begin{aligned} w_p(x,y,z,s) = \frac{P_0}{8\pi} \cdot & \left\{ \left[\frac{(z-\xi)^2}{R_1^3} - \frac{2z\xi}{R_2^3} + \frac{6z\xi(z+\xi)^2}{R_2^5} \right] \cdot \frac{P_7 \cdot s^2 + P_8 \cdot s + P_9}{P_1 \cdot s^3 + P_2 \cdot s^2 + P_3 \cdot s} + \right. \\ & \left[\frac{1}{R_1} - \frac{1}{R_2} + \frac{(z+\xi)^2}{R_2^3} \right] \cdot \frac{P_{10} \cdot s^2 + P_{11} \cdot s + P_{12}}{P_1 \cdot s^3 + P_2 \cdot s^2 + P_3 \cdot s} + \\ & \left. \frac{8}{R_2} \cdot \frac{P_{13} \cdot s^2 + P_{14} \cdot s + P_{15}}{P_4 \cdot s^3 + P_5 \cdot s^2 + P_6 \cdot s} \right\} \end{aligned} \tag{3.57}$$

式(3.57)中 $P_1, P_2, \cdots, P_{15}$ 是与黏弹性材料参数 G_1、G_k、K 和 η_k 相关的常量。对式(3.57)进行 Laplace 逆变换,即可得出竖向集中力 P_0 引起的土体竖向附加位移场的 Mindlin 时域解 $w_p(x,y,z,t)$ 为,

$$w_p(x,y,z,t) = \frac{P_0}{8\pi} \cdot \left\{ \left[\frac{(z-\xi)^2}{R_1^3} - \frac{2z\xi}{R_2^3} + \frac{6z\xi(z+\xi)^2}{R_2^5} \right] \cdot \left(T_3 + T_4 \cdot e^{-T_6 \cdot t} - \frac{1}{G_k} \cdot e^{-\tau \cdot t} \right) - \right.$$

$$\left[\frac{1}{R_1} - \frac{1}{R_2} + \frac{(z+\xi)^2}{R_2^3} \right] \cdot \left(T_4 \cdot e^{-T_6 \cdot t} - T_1 + \frac{1}{G_k} \cdot e^{-\tau \cdot t} \right) -$$

$$\left. \frac{8}{R_2} \cdot \left(T_5 \cdot e^{-T_7 \cdot t} - T_2 + \frac{1}{4G_k} \cdot e^{-\tau \cdot t} \right) \right\} \tag{3.58}$$

式(3.58)中,$\tau = G_k/\eta_k$;$T_1, T_2, T_3, T_4, T_5, T_6$ 和 T_7 是与黏弹性材料参数 G_1, G_k, K 和 η_k 相关的常量,分别为,

$$\left. \begin{aligned} T_1 &= \frac{7G_1^2 G_k + 3KG_1^2 + 7G_1 G_k^2 + 6KG_1 G_k + 3KG_k^2}{G_1 G_k (4G_1 G_k + 3G_1 K + 3G_k K)} \\[2mm] T_2 &= \frac{4G_1^2 G_k + 3KG_1^2 + 4G_1 G_k^2 + 6KG_1 G_k + 3KG_k^2}{4G_1 G_k (G_1 G_k + 3G_1 K + 3G_k K)} \\[2mm] T_3 &= \frac{G_1^2 G_k + 3KG_1^2 + G_1 G_k^2 + 6KG_1 G_k + 3KG_k^2}{G_1 G_k (4G_1 G_k + 3G_1 K + 3G_k K)} \\[2mm] T_4 &= \frac{12G_1^2 \eta_k}{(3K\eta_k + 4G_1 \eta_k)(4G_1 G_k + 3G_1 K + 3G_k K)} \\[2mm] T_5 &= \frac{3G_1^2 \eta_k}{(3K\eta_k + G_1 \eta_k) \cdot (4G_1 G_k + 12G_1 K + 12G_k K)} \\[2mm] T_6 &= \frac{4G_1 G_k + 3G_1 K + 3G_k K}{3K\eta_k + 4G_1 K} \\[2mm] T_7 &= \frac{G_1 G_k + 3G_1 K + 3G_k K}{3K\eta_k + G_1 \eta_k} \end{aligned} \right\} \tag{3.59}$$

同理,假设半无限黏弹性地基内部承受突加水平集中荷载 $Q(t) = Q_0 \cdot H(t)$,将 $\overline{Q}(s) = Q_0/s$ 和式(3.55)代入式(3.47)中,并其进行拉式逆变换,经整理,即可得到水平集中力 Q_0 引起的土体竖向附加位移场的 Mindlin 时域解 $w_q(x,y,z,t)$ 为,

$$w_q(x,y,z,t) = \frac{Q_0(x-\varepsilon)}{9\pi} \cdot \left\{ \frac{z-\xi}{R_1^3} \cdot (T_3+T_4 \cdot e^{-T_6 \cdot t} - \frac{1}{G_k} \cdot e^{-\tau \cdot t}) + \right.$$

$$\frac{4}{R_2(R_2+x-\varepsilon+z)} \cdot (T_8+T_9 \cdot e^{-T_{10} \cdot t} - T_{11} \cdot e^{-T_{12} \cdot t}) -$$

$$\frac{6z\xi(z+\xi)}{R_2^5} \cdot (T_3+T_4 \cdot e^{-T_6 \cdot t} - \frac{1}{G_k} \cdot e^{-\tau \cdot t}) -$$

$$\left. \frac{z-\xi}{R_2^3} \cdot (T_4 \cdot e^{-T_6 \cdot t} - T_1 + \frac{1}{G_k} \cdot e^{-\tau \cdot t}) \right\} \tag{3.60}$$

式(3.60)中，T_8,T_9,T_{10},T_{11} 和 T_{12} 是与黏弹性材料参数 G_1,G_k,k 和 η_k 相关的常量，分别为：

$$\left. \begin{aligned} T_8 &= \frac{27KG_1^2+54KG_1G_k+27KG_k^2}{2(G_1G_k+3G_1K+3G_kK)(4G_1G_k+3G_1K+3G_kK)} \\ T_9 &= \frac{3G_1^2\eta_k}{(3K\eta_k+G_1\eta_k)(2G_1G_k+6G_1K+6G_kK)} \\ T_{10} &= \frac{G_1G_k+3G_1K+3G_kK}{3K\eta_k+G_1\eta_k} \\ T_{11} &= \frac{24G_1^2\eta_k}{(3K\eta_k+4G_1\eta_k)(4G_1G_k+3G_1K+3G_kK)} \\ T_{12} &= \frac{4G_1G_k+3G_1K+3G_kK}{3K\eta_k+4G_1\eta_k} \end{aligned} \right\} \tag{3.61}$$

3.4.4　隧道纵向附加位移的时域解

采用上面3.2节、3.3节中关于隧道与土体变形的相互耦合作用的分析方法，同样将隧道沿纵向划分为 n 个节点，为了求解隧道竖向附加位移的时域解 $w_1(y,t)$，首先需要求解隧道位置处土体竖向自由位移向量的时域解 $\{w_s(i,t)\}$。对于忽略围护结构和降水作用的明挖基坑，基坑的卸载效应可视为坑底面和侧壁面对应的矩形区域上分别作用有矩形分布荷载 $P_0=\gamma H$ 和三角形分布荷载 $Q_0=K_0\gamma\xi$ 来进行研究，根据上面得出的 Mindlin 位移黏-弹性解答可知，在 t 时刻,第 i 个节点位置处土体因坑底面($\xi=H$)竖向卸荷而产生的竖向自由位移向量 $w_s^{(0)}(i,t)$ 为,

$$
\begin{aligned}
w_s^{(0)}(i,t) = \iint_{\Gamma_0} \frac{\gamma H}{8\pi} \cdot & \left\{ \left[\frac{(z_i-H)^2}{R_{1i}^3} - \frac{2z_i H}{R_{2i}^3} + \frac{6z_i\xi(z_i+H)^2}{R_{2i}^5} \right] \cdot (T_3 + T_4 \cdot e^{-T_6 \cdot t} - \right. \\
& \frac{1}{G_k} \cdot e^{-\tau \cdot t}) - \left[\frac{1}{R_{1i}} - \frac{1}{R_{2i}} + \frac{(z_i+H)^2}{R_{2i}^3} \right] \cdot (T_4 \cdot e^{-T_6 \cdot t} - T_1 + \frac{1}{G_k} \cdot e^{-\tau \cdot t}) - \\
& \left. \frac{8}{R_{2i}} \cdot (T_5 \cdot e^{-T_7 \cdot t} - T_2 + \frac{1}{4G_k} \cdot e^{-\tau \cdot t}) \right\} d\varepsilon d\eta
\end{aligned}
\tag{3.62}
$$

式(3.62)中, $R_{1i}=\sqrt{(x_i-\varepsilon)^2+(y_i-\eta)^2+(z_i-\xi)^2}$; $R_{2i}=\sqrt{(x_i-\varepsilon)^2+(y_i-\eta)^2+(z_i+\xi)^2}$; 其中, (x_i,y_i,z_i) 是隧道轴线上第 i 个节点位置的坐标。

同理,在 t 时刻,第 i 个节点位置处土体因编号为①的侧壁面($x=-B/2$)水平卸荷而产生的竖向自由位移 $w_s^{(1)}(i,t)$ 为,

$$
\begin{aligned}
w_s^{(1)}(i,t) = \iint_{\Gamma_1} \frac{K_0\gamma\xi(x_i+B/2)}{9\pi} \cdot & \left\{ \frac{z_i-\xi}{R_{1i}^3} \cdot (T_3 + T_4 \cdot e^{-T_6 \cdot t} - \frac{1}{G_k} \cdot e^{-\tau \cdot t}) + \right. \\
& \frac{4}{R_{2i}(R_{2i}+x_i-\varepsilon+z_i)} \cdot (T_8 + T_9 \cdot e^{-T_{10} \cdot t} - T_{11} \cdot e^{-T_{12} \cdot t}) - \\
& \frac{6z_i\xi(z_i+\xi)}{R_{2i}^5} \cdot (T_3 + T_4 \cdot e^{-T_6 \cdot t} - \frac{1}{G_k} \cdot e^{-\tau \cdot t}) - \\
& \left. \frac{z_i-\xi}{R_{2i}^3} \cdot (T_4 \cdot e^{-T_6 \cdot t} - T_1 + \frac{1}{G_k} \cdot e^{-\tau \cdot t}) \right\} d\eta d\xi
\end{aligned}
\tag{3.63}
$$

类似于 $w_s^{(1)}(i,t)$ 的推导,可以得出另外 3 个基坑侧壁面水平卸荷而引起的土体节点竖向自由位移 $w_s^{(2)}(i,t)$ 、$w_s^{(3)}(i,t)$ 和 $w_s^{(4)}(i,t)$,具体公式略。利用叠加原理,即可得到基坑开挖卸载引起的隧道位置处土体竖向自由位移向量时域解 $\{w_s(t)\}$ 为,

$$
\{w_s(t)\} = \sum_{k=0}^{4} \{w_s^{(k)}(t)\}
\tag{3.64}
$$

求出 $\{w_s(t)\}$ 之后,采用本章 3.2 节中提出的单洞隧道与周围土体变形耦合分析方法,将 $\{w_s(t)\}$ 代入单洞情况下隧道纵向变形性状的整体耦合平衡方

程,可得,

$$([\boldsymbol{G}] \cdot [\boldsymbol{K}] + \boldsymbol{IE}) \cdot \{\boldsymbol{w}_{\mathrm{t}}(t)\} = \{\boldsymbol{w}_{\mathrm{s}}(t)\} \tag{3.65}$$

式中 $\{\boldsymbol{w}_{\mathrm{t}}(t)\}$——单洞情况下隧道节点竖向附加位移向量时域解。

对于基坑下方存在双洞隧道的情况,首先假设不考虑"双洞效应",采用上述方法可以分别求出单洞情况下隧道 1、隧道 2 竖向自由位移向量时域解$\{\boldsymbol{w}_{\mathrm{t1}}^{(1)}(t)\}$和$\{\boldsymbol{w}_{\mathrm{t2}}^{(1)}(t)\}$,然后将$\{\boldsymbol{w}_{\mathrm{t1}}^{(1)}(t)\}$、$\{\boldsymbol{w}_{\mathrm{t2}}^{(1)}(t)\}$代入本章3.3节中提出的双洞隧道纵向变形形状的整体耦合平衡方程,可得,

$$\left.\begin{array}{l}([\boldsymbol{GK}_{\mathrm{t1}}^{(1)}] - \boldsymbol{IE}) \cdot \{\boldsymbol{w}_{\mathrm{t1}}(t)\} = [\boldsymbol{GK}_{\mathrm{t1}}^{(2)}] \cdot \{\boldsymbol{w}_{\mathrm{t2}}^{(1)}(t)\} - \{\boldsymbol{w}_{\mathrm{t1}}^{(1)}(t)\} \\ ([\boldsymbol{GK}_{\mathrm{t2}}^{(1)}] - \boldsymbol{IE}) \cdot \{\boldsymbol{w}_{\mathrm{t2}}(t)\} = [\boldsymbol{GK}_{\mathrm{t2}}^{(2)}] \cdot \{\boldsymbol{w}_{\mathrm{t1}}^{(1)}(t)\} - \{\boldsymbol{w}_{\mathrm{t2}}^{(1)}(t)\}\end{array}\right\} \tag{3.66}$$

式中 $\{\boldsymbol{w}_{\mathrm{t1}}(t)\}$, $\{\boldsymbol{w}_{\mathrm{t2}}(t)\}$——双洞情况隧道 1、隧道 2 竖向节点附加位移向量时域解。

通过式(3.65)、式(3.66)计算得出单洞、双洞情况下隧道竖向节点附加位移向量$\{\boldsymbol{w}(t)\}$、$\{\boldsymbol{w}_{\mathrm{t1}}^{(1)}(t)\}$和$\{\boldsymbol{w}_{\mathrm{t2}}^{(1)}(t)\}$之后,再采用插值拟合法,即可得到隧道纵向附加位移连续分布函数的时域解$\boldsymbol{w}(y,t)$、$\boldsymbol{w}_{\mathrm{t1}}(y,t)$和$\boldsymbol{w}_{\mathrm{t2}}(y,t)$,进一步也可求出隧道附加弯矩、剪力的时域解答,具体过程不再重复。

3.4.5 工程算例分析

为了验证本节卸荷流变理论的可靠性,以某明挖基坑施工对下卧已建地铁双洞隧道的影响为例,分别采用本节理论方法、三维数值模拟方法以及现场监测方法,分析地铁隧道上浮变形大小及变形随时间的发展规律。如图 3.30 所示,某新建公路隧道位于已建地铁双洞隧道上方,采用明挖法施工,基坑平面尺寸 $L \times B = 40 \text{ m} \times 32 \text{ m}$,开挖深度 $H = 9.3 \text{ m}$。地铁双洞隧道左线、右线与基坑中心之间的水平轴线距离分别为 23.0 m 和 5.0 m,开挖后隧顶距基坑底面之间的覆土厚度为 10.1 m,隧道外径 6.0 m,管片厚度 0.35 m;场区地层以粉质软黏土为主,侧压力系数为 2.8,施工过程中对地铁隧道附加变形进行了监测。

图 3.30　明挖隧道与地铁隧道平面位置关系

1)模型计算参数取值

选取重叠隧道工程段的场地地层以砾质黏性土为主,软土具有一定的流变性质。为简化计算,计算将地层视为均质土体,基坑开挖卸载作用下,土体加载、卸载弹性模量一般不同。大量的卸荷试验证明[120,121]:土体卸荷模量远大于常规三轴试验所获取的压缩模量,算例分析中根据刘国彬提出的卸荷模量公式[12],确定土体卸荷模量取值为 $E=819.0$ MPa,v 和 γ 分别根据各地层厚度取其加权平均值:$v=0.31$、$\gamma=20.8$ kN/m^3;三参量 H-K 本构模型涉及的黏-弹性参数 G_1,G_2 和 η_k 的取值为:$G_1=0.86$ MPa、$G_2=0.62$ MPa、$\eta_k=16\,700$ MPa·d;取既有盾构隧道纵向有效刚度折减率 $\eta'=1/6$。管片混凝土弹性模量为 35 GPa,泊松比为 0.2。

2)三维数值模拟及流变分析过程

采用有限差分软件 FLAC^{3D} 对本算例进行三维数值模拟流变分析。FLAC^{3D} 软件中的蠕变分析选项能有效地模拟岩土体变形的时间依赖性,从而体现土体流变效应对地铁隧道变形的影响。由于问题的纵向对称性,根据实际工况只建立一半的三维有限差分数值模型,如图 3.31 所示,采用壳单元来模拟盾构隧道管片的力学特性。

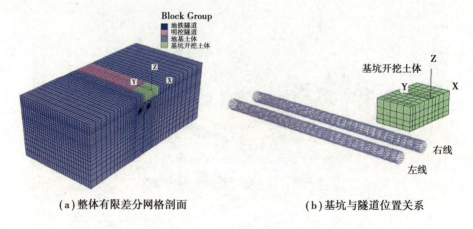

Block Group
地铁隧道
明挖隧道
地基土体
基坑开挖土体

(a)整体有限差分网格剖面　　　　　　(b)基坑与隧道位置关系

图 3.31　三维数值模拟网格划分

由于 FLAC³ᴰ 软件中没有三参量 H-K 本构模型,本文基于 FLAC³ᴰ 自带的 Burgers 蠕变本构模型,如图 3.32 所示,利用内置 FISH 语言对其进行改进,去除 Burgers 模型中 M 体黏性元件,将其退化为三参量 H-K 黏弹性模型,从而获得与解析理论一致的土体黏-弹性本构模型以用于流变分析。

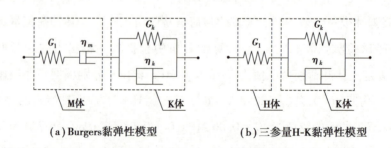

(a)Burgers黏弹性模型　　　　　　(b)三参量H-K黏弹性模型

图 3.32　数值模拟的蠕变本构模型

研究区段明挖基坑施工时,下部地铁隧道已修建完成了 3 个月。因此,数值模拟流变分析过程为:①在蠕变模式下施加初始地应力场;②开挖下部隧道,激活管片单元材料特性,连续计算 3 个月后再将地层和隧道结构位移清零;③开挖上部基坑,连续计算 4 个月直至隧道变形趋近稳定;④分析最终隧道的变形大小和变形分布规律。

3）计算结果分析

图 3.33 为对土体弹性、弹黏性本构模型进行数值分析所得出的隧道位移云图。可见,未考虑土体流变时隧道竖向附加位移要比考虑流变时隧道位移小,两者最大值偏差约为 30%,表明软黏土地层中既有隧道受土体流变而产生的后期变形较大,采用黏-弹性理论来分析邻近开挖所引起的隧道变形是具有实际意义的。

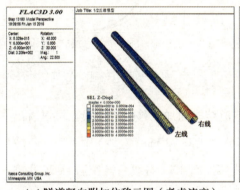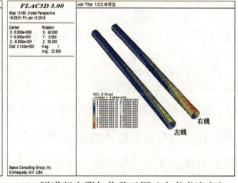

（a）隧道竖向附加位移云图（考虑流变）　　（b）隧道竖向附加位移云图（未考虑流变）

图 3.33　隧道结构竖向位移云图

图 3.34 表示基坑开挖 4 个月后的隧道(右线)竖向附加位移分布曲线,可以看出,无论是附加位移大小还是影响范围,数值解和理论解都能较好地吻合,两者之间存在的一定差异是因为三维数值分析中采用具有实际横断面面积的壳结构单元来模拟隧道,而在理论解中直接将隧道简化为长梁来处理,但是这种偏差很小,表明计算隧道纵向变形性能时横断面的尺寸效应是可以忽略不计的;理论解与现场实测隧道隆起位移曲线分布规律基本相似,但大多数测点的实测值要比理论值偏小,其主要原因有两个:一是本算例的理论解和数值解忽略了侧壁围护墙和支撑结构的作用以及地层分层特征;二是在实际施工中采用了土层分段、分层开挖等时空效应施工方法,而简化理论解无法体现出这些复杂因素的影响。因此,采用本文方法得到的结论会略偏保守。

由图 3.35 所示的不同时刻隧道(右线)附加位移曲线可见,受土体流变性的影响,施工完成后,既有隧道的竖向位移量值和影响范围逐渐变大,但位移增幅逐渐减小,并最终趋近于稳定。

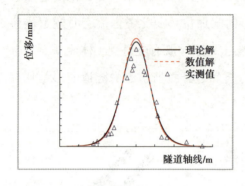
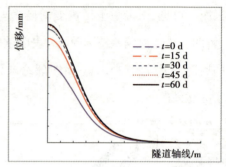

图 3.34　隧道(右线)附加位移曲线对比　　图 3.35　不同时刻隧道(右线)附加位移曲线

图 3.36 给出了基坑正下方对应的隧道结构附加位移时态曲线。可以看出,基坑开挖后对隧道造成的瞬时弹性变形分别为 0.72 mm(左线)和 2.37 mm(右线),分别占累计总变形量的 31.4%(右线)和 35.4%(右线);开挖后 $t = 30$ d 内,隧道黏-弹性变形随时间发展很快,$t = 15$ d 时,变形速率达峰值,分别为 0.64 mm/d(左线)、1.10 mm/d(右线),这段时间内应加强监测并采取必要措施来防止变形速率过大;$t = 45$ d 之后,土体流变趋近于稳定,因此,可以确定流变稳定时间为 45 d,实际施工中应当尽量控制在流变稳定时间段内基坑的开挖与支护,及时进行覆土回填,以避免基坑暴露时间过长,减小开挖卸荷的时间效应对下方隧道附加位移的影响。

图 3.37、图 3.38 分别表示隧道纵向附加变形曲率和弯矩的数值解和理论解曲线,可以看出,两者的分布规律基本相似,最大值偏差分别为 9.62% 和 9.91%。反弯点位置出现在距离基坑中心约 100 m 处,约 5 倍开挖尺寸;基坑中心正下方($y = 0$ m 处)对应的隧道正弯矩值最大,该断面管片处于拱顶受拉最不利状态;基坑纵向侧壁面($y = 20$ m 处)下方对应的隧道弯矩值为 0,该断面承受的剪力值最大。施工中应当注意这几个受力最不利断面的监测与保护。

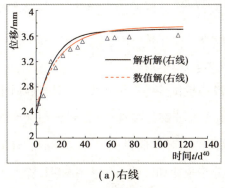
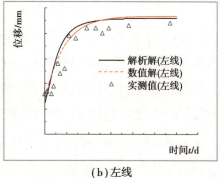

（a）右线　　　　　　　　　　　　（b）左线

图 3.36　隧道附加位移时态曲线

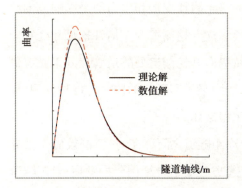
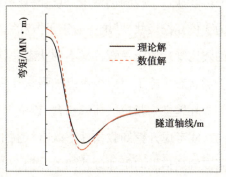

图 3.37　隧道纵向附加曲率对比　　　　图 3.38　隧道纵向附加弯矩对比

3.5　本章小结

　　本章针对基坑开挖对邻近隧道影响问题进行了系统的理论分析，考虑到城市隧道所处的砂质和黏质两种典型的土质条件各自不同的力学特征，分别推导了基坑开挖卸载引起下卧隧道纵向附加变形的弹性解和黏-弹性解，并进行了试验算例对比和工程运用分析。主要完成的研究工作及成果如下：

　　①提出了一种开挖卸载条件隧道与土体相互作用的整体耦合分析方法，该方法能直接体现隧道刚度的抗力作用。将提出方法与目前常用的两阶段解析

法进行算例对比发现,本书耦合方法是一种整体分析方法,与两阶段分步求解过程相比,不需要选用具体的地基模型和确定各种复杂的地基参数取值,因此大大减少了计算中所需的参数数量,并简化了计算过程。

②结合基坑开挖对邻近管道影响的离心机试验进行分析发现,对于砂质土体而言,开挖卸载引起的邻近管道变形绝大部分都是弹性变形,残余塑性变形仅占总变形量的5.6%,理论推导中所采用的线弹性假设是符合实际的。管道纵向附加弯矩的试验值和理论计算值的分布规律和影响范围大致相同,验证了本书方法的合理性和适用性。

③通过工程实例运用发现,隧道纵向一半附加变形和内力的受影响范围约为3倍开挖尺寸;基坑中心正下方和距离纵向开挖侧壁约1倍开挖尺寸处对应的隧道管片处于受弯拉最不利状态;基坑纵向开挖侧壁处隧道管片处于受剪最不利状态。施工中应当重点加强这几个受力最不利断面的监测与保护,以避免管片环缝发生张拉破坏或错台、错位等失稳破坏。

④考虑开挖卸载条件下既有双洞小净距隧道之间存在的"双洞效应",推导了双洞隧道纵向附加位移的整体耦合平衡方程。结合算例分析发现,双洞隧道呈现上、下重叠并行的位置关系下,相互影响程度最大,影响范围约为4.3倍洞径;左、右水平并行情况下的双洞隧道之间相互影响程度最弱,影响范围仅为1.3倍洞径;当既有地铁线路隧道之间净距较小时,理论分析中不应当忽视这种"双洞效应"的影响。

⑤考虑到黏质软土的流变特性,基于三参量H-K流变本构模型和弹性-黏弹性对应原理,采用整体耦合分析方法得到了开挖卸荷条件下隧道纵向附加位移的时域解。通过某工程算例分析发现,黏性地层中开挖卸载之后,因土体流变特性引起的既有结构后期变形量值约占累计总附加变形量值的30%,软土的流变特性对既有隧道纵向附加位移大小、影响范围及变形形态等均有较大的影响。

⑥三参量 H-K 模型下的土体流变属于稳定流变,开挖卸荷趋近于稳定的时间与土体流变参数有关。工程算例中得到的流变稳定时间为 45 d,该流变稳定时间的确定对指导基坑施工有重要意义,实际施工中应当尽量在流变变形趋近于稳定之前完成基坑的开挖、支护、加载注浆和覆土回填等工序,以避免基坑暴露时间过长,从而减小开挖卸荷的时间效应对下卧既有隧道附加变形的影响。

第4章 盾构开挖对上方隧道竖向变形影响的解析

盾构施工是城市建设过程中大量存在的工程开挖活动,有时不可避免地会遇到新建盾构隧道下穿已建隧道的例子。此时,如何提前预测已建隧道附加沉降变形成了工程界普遍关心的问题。盾构开挖卸荷机理与上一章中的基坑开挖卸荷机理不同,关于盾构掘进过程中土体削减所引起的上方已建隧道纵向附加沉降变形和内力,目前的解析理论只能针对新建隧道进行相关的二维计算,但实际上隧道变形具有三维特性,即新建隧道与已建隧道在不同的空间位置关系下进行开挖时,已建隧道的附加变形及分布特征是不一样的。此外,目前的解析方法大都是基于弹性地基梁的两阶段位移法,使得问题的计算结果受到具体所选用的地基模型的影响较大。

鉴于此,本章通过分析盾构施工过程中的土体卸荷机理和位移模式,基于镜像源汇法理论来求解半无限三维弹性地基中的土体自由位移场,并将土体自由位移与隧道结构的变形进行整体耦合分析,推导了上方已建隧道附加位移的三维解析解;然后,利用该方法探讨了间隙参数、等效抗弯刚度及空间相对位置等主要参数对隧道变形性能的影响规律;最后,结合离心机试验算例和工程实例运用,将理论方法得到的解析解与试验结果和工程实测数据进行对比分析,以验证提出方法的合理性。

4.1　盾构开挖引起的土体自由位移场解

　　研究盾构隧道周围土体自由位移场的意义在于降低盾构开挖对周围环境及邻近结构物的不良影响。根据盾构施工工艺,引起周围土体扰动的因素有以下 3 个:一是盾构掘进过程中由于拼装管片、盾构超挖、蛇形和机身调整等而在管片与地层之间形成的物理间隙,目前设计注浆率下的充填率并不能完全消除该物理间隙[122];二是盾头掘进面处的土体弹塑性变形,该部分变形与土体特性、土仓推力等因素密切相关;三是盾构推进过程中盾壳段与周围地层之间的水平摩擦力。其中,盾壳段与周围地层之间的水平摩擦力所引起的土体竖向附加位移量值非常小,因此,本书在分析土体竖向自由位移场时忽略该方面因素的影响。

　　为了分析上述因素对地层自由位移的影响,Rowe & Kack 等[123]将三维隧道开挖面处土体弹塑性变形、盾构机周围的超挖以及盾壳与管片之间的物理间隙、施工工艺水平等因素在平面上等效成为一个二维空隙,引入了间隙参数的概念来体现盾构隧道施工产生的地层损失,如图 4.1 所示,并得到了不排水条件下间隙参数的计算公式为,

$$g = G_p + U_{3D}^* + w; \quad G_p = 2\Delta + \delta \tag{4.1}$$

式中　G_p——物理间隙,

　　　　Δ——盾尾厚度;

　　　　δ——拼装衬砌的空间;

　　　　U_{3D}^*——开挖面土体的三维弹塑性变形;

　　　　w——施工质量与工艺水平系数。

　　上述间隙公式还综合考虑了地层损失率、隧道泊松效应及椭圆化效应等影响因素。间隙参数 g 的存在是盾构诱发地层损失并引起土体竖向自由位移场的直接原因,通过间隙参数模型来预测地层损失在许多半解析方法和解析方法中都得到了广泛的运用,在许多理论分析中都是一个重要的参数。

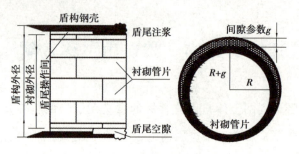

图 4.1　盾尾间隙参数[122]

在研究盾构开挖对上方已建隧道的影响时,首先需要求解开挖掘进在上方已建隧道轴线位置处所产生的土体自由沉降。Klar 等[124]采用 Perk 经验公式来模拟隧道位置处土体自由位移,但是 Perk 正态分布曲线在许多情况下并不能准确地描述土体沉降槽[124,125];Voster[126]、O'Reilly[127]、Mair[128]等学者从不同的研究角度上提出了采用各类高斯曲线来拟合土体自由位移场;J. Litwiniszyn[129]通过砂箱试验提出了随机介质理论,刘宝琛[130]、阳军生等[131]将这一理论引入岩土隧道开挖引起的地层位移预测中。这些方法的计算公式虽然使用简单,但都缺乏明确的力学理论基础,只能称其为数学经验法,而不是土体沉降的解析解。Loganathan & Poulos 等[55]基于地层损失率和非等量土体移动模式,首次提出了盾构开挖引起土体自由场 $S_z(y)$ 的解析解,如下,

$$S_z(y) = \varepsilon_0 R^2 \cdot \left\{ -\frac{z_0-h}{y^2+(z_0-h)^2} + (3-4\upsilon) \cdot \frac{z_0+h}{y^2+(z_0+h)^2} - \right.$$

$$\left. \frac{2z_0\left[y^2-(z_0+h)^2\right]}{\left[y^2+(z_0+h)^2\right]^2} \right\} \cdot e^{-\left\{\frac{1.38y^2}{(h+R)^2}+\frac{0.69z_0^2}{h^2}\right\}} \tag{4.2}$$

式中　ε_0——地层损失率;

　　　R——隧道半径;

　　　h——新建隧道轴线埋深;

　　　z_0——已建隧道轴线埋深;

　　　y——已建隧道纵轴线坐标;

　　　υ——土体泊松比。

由式（4.2）可以看出，Loganathan & Poulos 公式只是给出了平面情况下土体自由位移场的二维解析解，因此，该理论只能用于分析新建隧道和已建隧道呈上、下正交穿越的这一特殊工况。实际上，两隧道之间出现的情况更多的是倾斜交叉穿越，此外，盾构机盾头掘进面与已建隧道之间的空间位置在发生动态变化，由于掘进面空间效应的存在，不同的空间位置下已建隧道纵向位移分布形式也不相同。为了得到适用于普遍工况下盾构开挖对邻近隧道附加位移影响的三维解析解，本书利用镜像源汇法来求解地基土体中任一点竖向自由位移场。

4.1.1　镜像源汇法基本原理

镜像源汇法是 Sagaseta（1987）提出的[132]，该方法采用虚像技术考虑自由表面，可以解决半无限弹性体内部地层损失引起的自由位移场问题。假定地基土体各向同性且不可压缩，其具体分析步骤如图 4.2 所示。

①首先忽略原地表面的存在，将半无限问题转换成为无限体内部的空隙问题，无限体内部在真实源的作用下会产生位移场和应力场，对应于原地表面位置则产生正应力 σ_0 和剪应力 τ_0。

②无限体原地表面以上对应源的位置存在一个镜像汇，假想镜像汇的位置存在一个大小相等的体积膨胀，该体积膨胀作用将会在原地表面位置产生一个方向相反、大小相同的正应力 $-\sigma_0$，以及一个方向、大小均相同的剪应力 τ_0。因此，在源与汇的作用下，即可抵消实际上并不存在的原地表面法向正应力。

③在源与汇的作用下，假定半无限体地表面存在一个与上述剪应力 τ_0 方向相反，大小为其 2 倍的表面切应力 $-2\tau_0$ 的作用，可求出该表面切应力在地表面以下各点产生的相应位移场。

④以上 3 步在地表面以下任一点产生的位移分别为 S_1，S_2 和 S_3，则实际问题的位移解答即为 $S=S_1+S_2+S_3$。

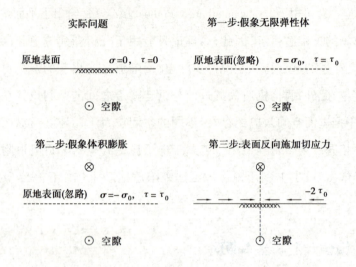

图 4.2　镜像源汇法分析步骤

基于以上分析步骤,半无限弹性地基内部自由位移场的推导过程为:

假设无限弹性体内部任一点 (x_0, y_0, z_0) 处存在一个半径为 a 的球状空隙,根据弹性体的体积不可压缩原理,可以推导出与该点距离为 r 处的任一点上的径向位移 $S_r(r)$ 为,

$$S_r(r) = -\frac{a^3}{3r^2} \tag{4.3}$$

根据式(4.3)容易推导出三维笛卡尔坐标下,无限弹性体内部任一点 (x_0, y_0, z_0) 处半径为 a 的球状空隙在点 (x, y, z) 处产生的三向位移分量 $S_{x1}(x, y, z)$、$S_{y1}(x, y, z)$ 和 $S_{z1}(x, y, z)$ 分别为,

$$\left. \begin{array}{l} S_{x1}(x, y, z) = \dfrac{-a^3(x-x_0)}{3r_1^3} \\[3mm] S_{y1}(x, y, z) = \dfrac{-a^3(y-y_0)}{3r_1^3} \\[3mm] S_{z1}(x, y, z) = \dfrac{-a^3(z-z_0)}{3r_1^3} \end{array} \right\} \tag{4.4}$$

式中,变量 $r_1 = \sqrt{(x-x_0)^2 + (y-y_0)^2 + (z-z_0)^2}$。

　　类似于 $S_{z1}(x,y,z)$ 的推导过程,可以得到其镜像位置 $(x_0,y_0,-z_0)$ 处大小相等的体积膨胀在点 (x,y,z) 处产生的三向位移分量 $S_{x2}(x,y,z)$、$S_{y2}(x,y,z)$ 和 $S_{z2}(x,y,z)$ 分别为:

$$
\left.
\begin{aligned}
S_{x2}(x,y,z) &= \frac{a^3(x-x_0)}{3r_2^3} \\[2mm]
S_{y2}(x,y,z) &= \frac{a^3(y-y_0)}{3r_2^3} \\[2mm]
S_{z2}(x,y,z) &= \frac{a^3(z+z_0)}{3r_2^3}
\end{aligned}
\right\}
\tag{4.5}
$$

式(4.5)中,变量 $r_2 = \sqrt{(x-x_0)^2+(y-y_0)^2+(z+z_0)^2}$。

　　以上两步在地表面 $(x,y,0)$ 处产生的剪应力 τ_{xz},τ_{yz} 分别为:

$$
\left.
\begin{aligned}
\tau_{xz} &= G\gamma_{xz} = G \cdot \left[\frac{\partial(S_{x1}+S_{x2})}{\partial z}+\frac{\partial(S_{z1}+S_{z2})}{\partial y}\right]_{z=0} \\[2mm]
\tau_{yz} &= G\gamma_{yz} = G \cdot \left[\frac{\partial(S_{y1}+S_{y2})}{\partial z}+\frac{\partial(S_{z1}+S_{z2})}{\partial y}\right]_{z=0}
\end{aligned}
\right\}
\tag{4.6}
$$

将式(4.4)、式(4.5)代入式(4.6)中,经整理可得,

$$
\left.
\begin{aligned}
\tau_{xz} &= \frac{-4a^3 \cdot z_0(x-x_0)}{\left[(x-x_0)^2+(y-y_0)^2+z_0^2\right]^{\frac{5}{2}}} \\[2mm]
\tau_{yz} &= \frac{-4a^3 \cdot z_0(y-y_0)}{\left[(x-x_0)^2+(y-y_0)^2+z_0^2\right]^{\frac{5}{2}}}
\end{aligned}
\right\}
\tag{4.7}
$$

　　将 τ_{xz},τ_{yz} 反作用于原地表面,再利用弹性力学 Cerruti 基本解进行积分运算,即可得到第三步产生在点 (x,y,z) 处产生的竖向位移解答 $S_{z3}(x,y,z)$ 为,

$$
S_{z3}(x,y,z) = \lim_{b\to\infty}\lim_{c\to\infty}\int_{y_0-b}^{y_0+b}\int_{x_0-c}^{x_0+c} -\frac{a^3}{\pi}\frac{z_0(u-x_0)(x-u)}{\left[(u-x_0)^2+(t-y_0)^2+z_0^2\right]^{\frac{5}{2}}} \cdot
$$

$$
\left[\frac{z}{R^3}+\frac{1-2v}{R(R+z)}\right]\mathrm{d}u\mathrm{d}t + \lim_{b\to\infty}\lim_{c\to\infty}\int_{y_0-b}^{y_0+b}\int_{x_0-c}^{x_0+c} -
$$

$$
\frac{a^3}{\pi}\frac{z_0(t-y_0)(y-t)}{\left[(u-x_0)^2+(t-y_0)^2+z_0^2\right]^{\frac{5}{2}}}
$$

$$\left[\frac{z}{R^3}+\frac{1-2\upsilon}{R(R+z)}\right]\mathrm{d}u\mathrm{d}t \qquad (4.8)$$

式(4.8)中,(u,t)为原地表面平面坐标,变量 $R=\sqrt{(x-u)^2+(y-t)^2+z^2}$。

根据镜像源汇法的分析步骤,半无限弹性体内任一点(x_0,y_0,z_0)处的半径为 a 的空隙在任一点(x,y,z)处产生的竖向位移 $S_z(x,y,z)$ 为以上 3 部分位移叠加之和,即,

$$S_z(x,y,z)=S_{z1}(x,y,z)+S_{z2}(x,y,z)+S_{z3}(x,y,z) \qquad (4.9)$$

在式(4.9)的基础上除以球体体积 $4\pi a^3/3$,即可得到与 a 无关的单位体积空隙产生的竖向位移 $S_z(x,y,z)$,

$$S_z(x,y,z)=\frac{3S_z(x,y,z)}{4\pi a^3} \qquad (4.10)$$

4.1.2　已建隧道位置处的土体自由位移解

采用整体耦合方法来分析盾构下穿施工对上方已建隧道的影响时,首先需要求解盾构开挖掘进在上方已建隧道轴线位置处所产生的土体自由沉降位移。

如图 4.3 所示,盾构隧道掘进过程中由地层损失而引起的位移可以通过对单位体积空隙产生的土体位移解答进行积分得到。根据间隙参数理论模型可知,地层损失在三维空间中可以等效视为两个半径不同,而长度相同且侧壁相互接触的柱体之间的空隙[133],即 $V=V_1-V_2$。该三维空隙在上方已建隧道轴线上任一点处产生的土体自由沉降位移 $S_s^{(1)}(x,y,z)$ 为,

$$S_s^{(1)}(x,y,z)=\iiint_V s_z(x,y,z)\,\mathrm{d}x\mathrm{d}y\mathrm{d}z=\iiint_{V_1-V_2} s_z(x,y,z)\,\mathrm{d}x\mathrm{d}y\mathrm{d}z \qquad (4.11)$$

盾构掘进引起的上方地层自由沉降槽的计算结果与土体位移模式相关,典型的土体位移模式主要有 4 种,如图 4.4 所示。经对比试算发现,同样的条件下,与 Perk 经验公式和 Lognanthan 公式相比,式(4.11)计算得出的沉降最大值偏小,沉降槽宽度偏大。其原因是对两个柱体之间的空隙区域进行积分运算时,本质上所采用的仍是圆形等量径向土体位移模式,如图 4.4(a)所示。而实

际的土体移动模式应为椭圆形非等量径向位移模式。为了使结果更加接近实际情况，此处针对土体自由沉降位移公式中存在的缺陷，对其进行改进与修正。

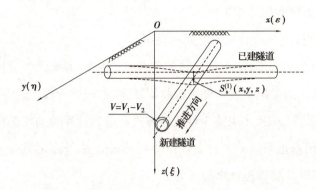

图 4.3　盾构开挖对既有隧道影响的计算模型

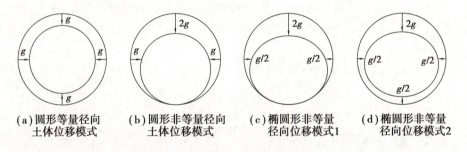

| (a)圆形等量径向
土体位移模式 | (b)圆形非等量径向
土体位移模式 | (c)椭圆形非等量
径向位移模式1 | (d)椭圆形非等量
径向位移模式2 |

图 4.4　土体位移模式

根据 Park[134,135] 的研究结论，不同土体移动模式对位移的影响仅仅反映在土体削减参数（即地层损失率）的取值不同，不同土体移动模式下土体削减参数的取值分别为：

$$\left.\begin{array}{l} \varepsilon = \dfrac{g}{R} \\[3mm] \varepsilon' = \left(1 - \dfrac{z-h}{r}\right)\varepsilon = k'\varepsilon \\[3mm] \varepsilon'' = \left(1 - \dfrac{z-h}{r} - \dfrac{x^2}{2r^2}\right)\varepsilon = k''\varepsilon \\[3mm] \varepsilon''' = \dfrac{1}{4}\cdot\left[5 - \dfrac{3(z-h)}{r} - \dfrac{3x^2}{r^2}\right]\varepsilon = k'''\varepsilon \end{array}\right\} \qquad (4.12)$$

式中 ε——地层损失率;

$\quad\quad h$——新建盾构隧道埋深;

$\quad\quad R$——新建盾构隧道半径;

$\quad\quad r$——空隙与沉降计算点之间的距离。

由式(4.12)可以看出,不同土体位移模式造成的求解误差,可以通过在均匀径向位移模式的基础上引入修正系数 k'、k''和 k'''来进行修正。Park 通过实测对比分析发现[134],图4.4中第3种位移模式对应的计算值与实测值最为吻合。因此,本书采用修正系数 k''来对上述沉降位移公式进行修正,得到的隧道位置处土体自由沉降位移修正计算公式为,

$$S_s^{(1)}(x,y,z) = \left(1 - \frac{z-h}{R} - \frac{y^2}{2R^2}\right) \cdot \iiint\limits_{V_1-V_2} S_z(x,y,z)\,\mathrm{d}x\mathrm{d}y\mathrm{d}z \qquad (4.13)$$

4.2 隧道纵向附加位移解

4.2.1 隧道纵向附加位移解

分析盾构开挖引起的上方既有隧道纵向附加位移时,将隧道沿轴线划分为 n 个单元,共计 $n+1$ 个节点,与之接触的周围土体也存在相应的 $n+1$ 个接触节点。

分析中做如下假设:

①土体为各向同性、不可压缩的半无限弹性体。

②既有隧道与周围土体不发生脱离,满足变形协调条件。

③将既有隧道视为一根地下连续长梁,忽略隧道横断面尺寸效应。

④既有隧道位置处土层单元相互作用不受开挖影响。

隧道纵向附加位移解的整体耦合分析方法简述如下:

由于既有隧道结构刚度的存在,隧道与周围土体会发生相互作用,直至两

者的变形耦合相互一致为止。此时，既有隧道受力变形关系为，

$$[\mathbf{K}] \cdot \{\mathbf{S_t}\} = \{\mathbf{F}\} \tag{4.14}$$

式中　$\{\mathbf{S_t}\}$——既有隧道纵向节点竖向附加位移向量（下标 t 表示隧道）；

$\{\mathbf{F}\}$——周围土体作用于隧道的节点竖向力向量；

$[\mathbf{K}]$——既有隧道节点竖向力与竖向位移之间关系的整体刚度矩阵（详

见第 3 章）。这里仅考虑了土体竖向作用力引起的竖向位移，

未考虑其他因素如水平作用力的影响。

既有隧道周围土体节点竖向位移向量 $\{\mathbf{S_s}\}$（下标 s 表示土体）由两部分构成：①盾构开挖掘进引起的土体节点竖向自由位移向量 $\{\mathbf{S_s^{(1)}}\}$；②既有隧道结构-周围土体相互作用引起的土体节点竖向位移向量 $\{\mathbf{S_s^{(2)}}\}$。其表达式为，

$$\{\mathbf{S_s}\} = \{\mathbf{S_s^{(1)}}\} + \{\mathbf{S_s^{(2)}}\} \tag{4.15}$$

首先假设在既有隧道结构不存在的情况下，采用上面 4.1 节的方法，求解盾构开挖引起的既有隧道位置处土体竖向自由位移分布函数 $S_s^{(1)}(x,y,z)$ 之后，即可将 $S_s^{(1)}(x,y,z)$ 转换成为土体节点竖向自由位移向量 $\{\mathbf{S_s^{(1)}}\}$。

根据假设④，既有隧道位置处土层单元相互作用不受开挖的影响，因此，

$$\{\mathbf{S_s^{(2)}}\} = [\mathbf{G}] \cdot \{\mathbf{f}\} \tag{4.16}$$

式中　$[\mathbf{G}]$——隧道周围土体接触节点柔度矩阵（详见第 3 章）；

$\{\mathbf{f}\}$——作用于周围土体的节点竖向力向量。

隧道、周围土体力学平衡条件为，

$$\{\mathbf{F}\} = -\{\mathbf{f}\} \tag{4.17}$$

根据假设②，隧道和周围土体之间的位移相容条件为，

$$\{\mathbf{S_t}\} = \{\mathbf{S_s}\} \tag{4.18}$$

根据式（4.14）—式（4.18），即可得到既有"隧道"与周围"土体"相互作用下，隧道纵向变形性状的整体耦合平衡方程为，

$$([\mathbf{G}] \cdot [\mathbf{K}] + \mathbf{IE}) \cdot \{\mathbf{S_t}\} = \{\mathbf{S_s^{(1)}}\} \tag{4.19}$$

为了得到整体耦合平衡方程（4-19）的唯一解，引入边界条件来约束其整体

刚性位移。本章重点研究新建盾构隧道下穿既有隧道的情况,因此,不考虑两隧道的平面位置呈平行或小角度近似平行相交的情况,本书认为两隧道以交叉点为中心的 20 倍洞径($20D$)范围之外的既有隧道不再受卸载的影响。因此,边界条件为,

$$\begin{cases} S_t(20D)=0, S_t(-20D)=0; & 边界位移为 0 \\ S_t'(20D)=0, S_t'(-20D)=0。 & 边界曲率为 0 \end{cases} \tag{4.20}$$

从式(4.19)可知,只要确定新建隧道开挖引起的既有隧道位置处土体自由场竖向位移 $\{S_s^{(1)}\}$,将其作为输入参数代入方程(4.19)就可以求得既有隧道纵向附加位移 $\{S_t\}$。求出 $\{S_t\}$ 之后,将其拟合成样条曲线后,通过二次、三次求导即可进一步得到隧道自身附加弯矩和剪力分布函数。因此,合理地确定盾构掘进引起的既有隧道位置处土体竖向位移是正确求解问题的关键,采用本章基于镜像源汇法和非等量径向土体位移模式推导得出的土体沉降计算公式,不仅能得出更符合实际的自由场土体位移解,还能分析三维空间情况下盾构下穿施工对既有隧道的影响。

4.2.2 单元尺寸效应分析

整体耦合计算方法借鉴了一维杆件有限元的思想,通过将隧道划分为 n 个离散单元,再把单元刚度矩阵叠加成为连续梁整体刚度矩阵来求解隧道附加位移。在这个过程中,划分单元长度 dL 会对计算结果造成影响。一般情况下,划分单元数量越多,则单元尺寸越小,精度会越高,但计算速度也越慢。

为了探讨单元尺寸效应对计算结果的影响,以单元尺寸比率(定义单元尺寸比率为单元长度 dL 与隧道洞径 D 的比值)为控制参数,图 4.5 为单元尺寸比率分别为 $dL/D=1/2$、$1/6$、$1/12$ 和 $1/24$ 时所对应的计算结果,其他相关计算参数根据表 4.1 进行取值。由图 4.5 可以看出,随着隧道划分单元尺寸比率的不断减小,已建隧道附加位移最大值随之变大,且沉降槽逐渐变窄,但是这种差异会随着划分单元尺寸的减小而逐渐消失。

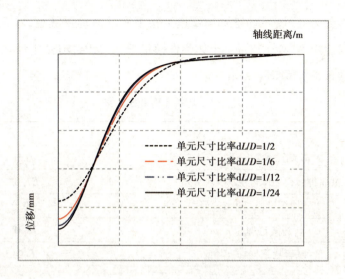

图 4.5　单元尺寸效应对计算结果的影响

表 4.1　计算参数取值

参数	值	参数	值
土体弹性模量 E/MPa	80.0	隧道洞径 D/m	6.0
土体泊松比 υ	0.3	新建隧道埋深 h/m	20.0
纵向等效弯曲刚度 $EI/(\text{GN}\cdot\text{m}^2)$	66.8	既有隧道埋深 h_0/m	5.0
间隙参数 g/cm	5.00	两隧道平面轴线夹角	$\pi/2$

4.3　参数分析

新建盾构隧道的间隙参数 g、既有隧道的纵向等效弯曲刚度 EI 以及两隧道之间的相对空间位置是盾构下穿施工过程中影响已建隧道附加位移及内力的几个重要参数。下面通过一个具体的算例来对这几个参数进行单因素量化分析,详细探讨各个参数对隧道纵向变形与受力的影响规律。

算例参数为:假设某新建盾构隧道近接下穿已建地铁隧道,隧道洞径均为 6 m,截面惯性矩 I = 21.878 m^4;土体弹性模量 60.0 MPa,泊松比为 0.3;算例涉及的其他基本计算参数见表 4.2。

表 4.2 基本计算参数取值

参数	值
间隙参数 g/mm	40.0
纵向等效弯曲刚度 $EI/(\mathrm{GN \cdot m^2})$	67.0
盾构掘进段长度 L_0/m	200.0
新建隧道埋深 h/m	18.0
既有隧道埋深 h_0/m	6.0
两隧道平面轴线夹角 θ	$\pi/2$

4.3.1 间隙参数的影响

理论分析中的间隙参数 g 是对盾构隧道地层损失的模拟,它综合反映了盾构施工对地层的扰动程度。为了探讨盾构掘进过程中间隙参数对既有隧道的影响,通过调整表 4.2 中的间隙参数 g = 5 mm、10 mm、30 mm、50 mm、70 mm 和 90 mm 6 种情况进行分析,表 4.2 中其他基本参数保持不变。

图 4.6 表示了不同间隙参数下已建隧道纵向剪力分布曲线。可以看出,当 g = 5 mm 时,隧道所受到的剪力很小;随着间隙参数的增大,开挖对地层扰动加剧,隧道所受到的剪力也越来越大;当 g = 90 mm 时,隧道所受到的剪力达到 1.16 GN。由材料力学可知,梁所受到的剪力越大,说明其弯曲变形也就越大,则开挖卸荷影响程度也越大。横坐标为 0 的点表示两隧道平面轴线交叉点,则剪力峰值位置出现在距离两隧道平面交叉点 9 m 处,约 1.5 倍洞径处。

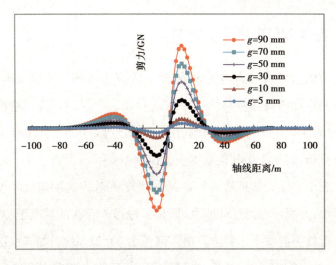

图 4.6　不同间隙参数下隧道纵向剪力分布

　　图 4.7 给出了两隧道轴线在不同的平面位置夹角下,盾构开挖引起的已建隧道附加剪力峰值与间隙参数的关系图,可以看出,不同的平面夹角下,剪力峰值随间隙参数的增大均呈现线性递增关系,且平面夹角 θ 越大,递增速率系数越大;同样的间隙参数条件下,两隧道之间的平面夹角 θ 越大,剪力峰值越大,即 $\theta = \pi/2$ 所对应的既有隧道附加剪力峰值为最大,表明垂直正交关系是已建隧道受剪的最不利平面位置关系。

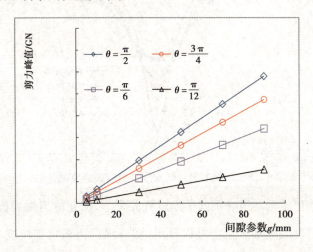

图 4.7　剪力峰值与间隙参数的关系

4.3.2 纵向等效弯曲刚度的影响

既有隧道纵向等效弯曲刚度 EI 体现了既有结构抵抗地层变形的能力,是影响隧道纵向附加内力和位移的一个重要参数。为了探讨等效弯曲刚度的影响,通过调整表4.2中的等效弯曲刚度基本值分别为 $0.5EI$、$1.0EI$ 和 $4.0EI$ 三种情况进行分析,表4.2中其他基本参数保持不变。

图4.8表示了已建隧道在不同的弯曲刚度下对应的纵向沉降位移分布曲线。可以看出,如果不考虑结构刚度,即认为隧道不存在的情况下,盾构开挖在既有隧道位置处引起的土体最大自由沉降值为 31.21 mm。如果取隧道弯曲刚度为 4.0 EI,最大沉降值减小至 17.25 mm,比不考虑隧道刚度情况下降低了 44.73%,表明地下结构刚度的抗力作用大大地约束了周围土体的自由位移;隧道纵向刚度较小时,隧道附加位移值较大,但沉降槽影响范围较窄;隧道纵向刚度较大时,隧道附加位移值较小,但沉降槽的影响范围较大。

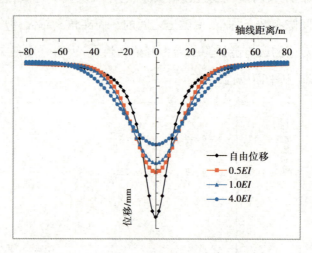

图4.8　不同等效弯曲刚度下隧道沉降位移分布

图4.9给出了两隧道在不同平面位置关系下,已建隧道附加位移峰值与纵向等效弯曲刚度之间的关系。可以看出,随着纵向等效弯曲刚度增大,位移峰值逐渐降低,两者之间的这种递减关系由非线性递减逐渐过渡为线性递减;同

样的隧道弯曲刚度条件下,两隧道的平面轴线夹角越大,沉降位移峰值越小,则盾构开挖的对已建隧道的扰动程度也就越小。从图 4.9 可以看出,以等效弯曲刚度取 200 GN·m 为例,两隧道呈垂直相交情况下($\theta = \pi/2$)已建隧道的沉降峰值比近似平行情况下($\theta = \pi/6$)的沉降峰值减小了 29.5%。

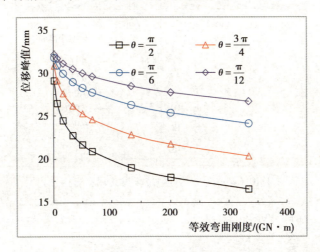

图 4.9　位移峰值与等效弯曲刚度之间关系

图 4.10 表示不同弯曲刚度下隧道纵向弯矩分布图。可以看出,负弯矩值峰值位置均出现在两隧道交叉点处,随着等效弯曲刚度的增大,正、负弯矩峰值均不断增大,且正弯矩峰值向远离隧道交叉点的方向不断移动,导致已建隧道附加弯矩沿轴线的影响范围在不断扩大;结合上面的分析可知,提高隧道纵向等效弯曲刚度虽然可以减小隧道纵向沉降位移,但同时也会显著地增大隧道纵向附加弯矩,弯矩峰值过大容易引起管片接头螺栓发生拉伸屈服破坏。因此,实际工程中不能完全依赖通过增大既有隧道纵向刚度的措施来控制结构附加变形。

图 4.11 给出了两隧道在不同平面位置关系下,附加弯矩峰值与等效弯曲刚度之间的关系。可以看出,隧道附加弯矩峰值与隧道刚度之间呈非线性递增关系;同样的弯曲刚度条件下,两隧道之间的平面夹角 θ 越大,弯矩峰值越大,即 $\theta = \pi/2$ 所对应的既有隧道附加弯矩值为最大,表明垂直正交关系是已建隧道受弯的最不利平面位置关系。

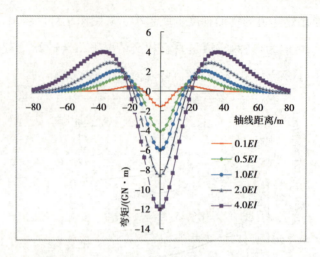

图 4.10　不同等效弯曲刚度下隧道纵向弯矩分布

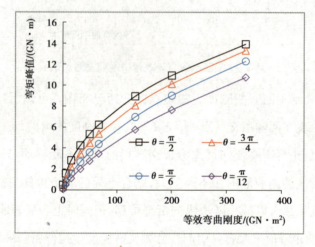

图 4.11　弯矩峰值与等效弯曲刚度之间关系

4.3.3　隧道空间相对位置的影响

如图 4.12 所示,盾构掘进引起上方已建隧道的附加位移和内力是一个三维问题,实际盾构开挖卸载影响存在空间效应。本章采用盾构掘进段长度 L_0、盾头掘进面位置、隧道轴线平面夹角 θ 和竖向净距 d_h 这 4 个参数来体现三维笛卡尔坐标下新建、已建隧道之间的空间相对位置。下面将分别对这几个参数进行单因素量化探讨。

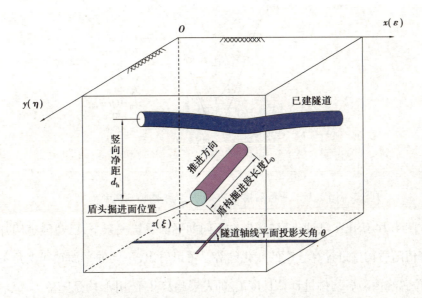

图 4.12　盾构开挖对上方隧道影响的三维分析因素

4.3.3.1　盾构掘进段长度的影响

盾构掘进段长度 L_0 反映了盾构开挖卸载范围的大小。假设两隧道呈平面正交关系,且新建隧道掘进段与已建隧道以交叉点为对称点,其他基本参数取值保持不变,当盾构掘进计算长度分别取为 $L_0=1$ m、5 m、10 m、20 m、40 m、100 m、140 m 和 200 m 时,盾构开挖引起的上方已建隧道纵向附加位移分布曲线如图 4.13 所示。

从图 4.13 中可以看出,当 $L_0<100$ m 时,随着盾构掘进段长度的增大,土体损失引发的卸载区域随之增长,导致已建隧道附加位移大小及影响范围不断扩大;当 $L_0>100$ m 后,这种变化幅度迅速减小,表明隧道附加位移受盾构纵向掘进尺寸的影响越来越小;当 $L_0>140$ m(约 23D)之后,位移曲线几乎不再发生变化,此时,掘进面的空间约束效应消失,问题由三维问题过渡为二维问题。

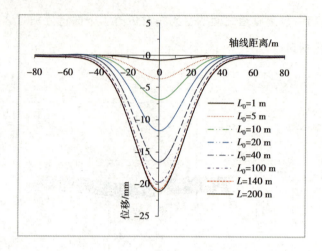

图 4.13　不同盾构掘进长度下隧道附加位移分布

　　图 4.14 给出了新建、已建隧道在不同的平面位置关系下,已建隧道附加位移峰值随盾构掘进计算长度的变化趋势。可以看出,不同的平面轴线夹角关系下,位移峰值随盾构掘进计算长度 L_0 的发展趋势几乎相同,均是随着 L_0 值的增大而趋近于稳定;但是,曲线收敛并趋近于稳定时所对应的盾构掘进段长度 L_0 随着轴线夹角 θ 的减小而逐渐增大,说明两隧道轴线关系越趋近于平行,已建隧道受新建隧道纵向开挖尺寸空间约束效应的影响范围就越大。

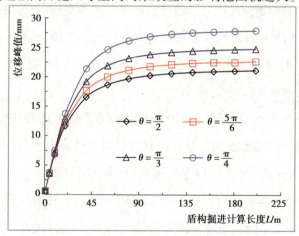

图 4.14　盾构掘进计算长度对位移峰值的影响

4.3.3.2　盾头掘进面位置影响

盾构下穿施工过程中,盾头掘进面相对于既有隧道的位置在不断地发生动态变化,为了探讨上方已建隧道附加变形随盾头掘进面位置的变化规律,假设新建、已建隧道的平面轴线夹角 $\theta=45°$,根据图 4.15 所示的 4 种不同盾头掘进面位置来进行分析,图 4.16 给出了这 4 种位置工况下计算得到的已建隧道的附加位移和曲率分布曲线。

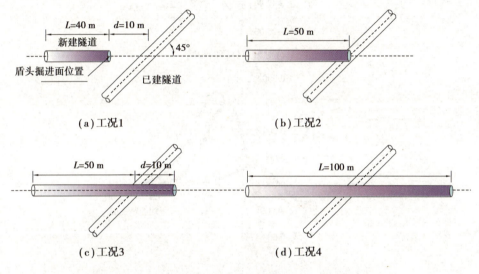

图 4.15　盾头掘进面位置计算工况示意图

从图 4.16 可以看出,由于开挖面位置存在空间效应,随着盾构掘进面位置的不断推进,已建隧道附加位移峰值以及变形曲率峰值的位置都在沿着推进方向发生相应的移动。由于盾构掘进段长度随盾头掘进面的推进在不断增大,则沉降槽大小和影响范围也随之增大;当盾头掘进面位于工况 1 位置时,变形峰值位于 $y=-26$ m 处,最大沉降位移为 4.45 mm,最大变形曲率为 1.35×10^{-4},对应的弯曲半径为 7 413.83 m;当盾头掘进面推进到工况 4 位置时,变形峰值位于 $y=0$ m 处,最大沉降位移为 23.21 mm,最大变形曲率为 7.025×10^{-4},对应的弯曲半径为 1 423 m,变形曲线由非对称分布过渡为对称分布。位移峰值和曲率峰值分别增大了 421.57% 和 161.21%。

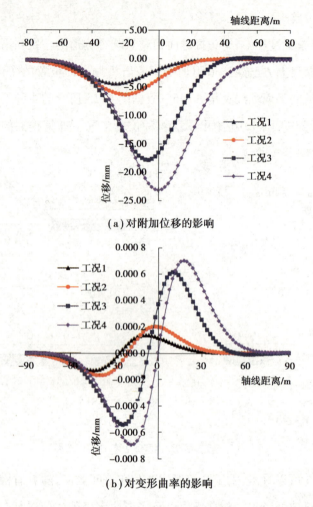

(a) 对附加位移的影响

(b) 对变形曲率的影响

图 4.16　盾构掘进面位置的影响

从图中也可看出,当两隧道成 45°夹角时,由于开挖面空间约束效应的作用,盾构下穿施工引起的上方隧道沉降峰值断面位置并没有出现在盾头位置所对应的断面,而是出现在盾头后方 20 m 处(约 3 倍开挖洞径)对应的位置,施工中应当注意加强该断面的监测与保护。

4.3.3.3　隧道平面关系影响

通过改变新建、已建隧道的轴线平面夹角 θ 来分析不同平面关系下的盾构开挖影响。取盾构掘进段长度 $L_0 = 60$ m,隧道竖向净距分别为 $d_h = 6$ m、9 m 和

15 m 时,计算得出的已建隧道附加位移峰值随着两隧道平面轴线夹角 θ 的变化曲线如图 4.17 所示。可以看出,随着两隧道平面轴线夹角的增大,附加位移峰值逐渐减小并趋近于稳定,且净距越小,位移减小幅度越大;当轴线夹角大于 75°之后,隧道最大附加位移减量不多,曲线更加平缓。由上述分析可知,两隧道平面轴线夹角越大,即两隧道越趋近于垂直时,盾构开挖对已建隧道的影响程度就越小,因此,为了尽量减小施工对已建运营隧道的影响,在条件允许的情况下,应当尽量采取正交下穿方式快速通过。

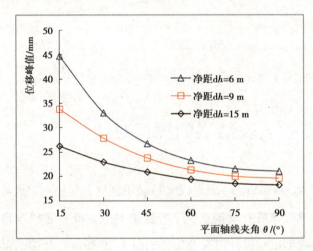

图 4.17　隧道平面关系的影响

4.3.3.4　隧道竖向净距影响

保持新建隧道埋深 $h = 18$ m 不变,通过改变已建隧道的埋深来表示竖向净距 d_h 的影响。取盾构掘进段长度 $L_0 = 60$ m,隧道平面轴线夹角分别为 $\pi/2$、$5\pi/6$ 和 $\pi/4$ 时,已建隧道附加位移峰值随两隧道竖向净距 d_h 变化曲线如图 4.18 所示。可以看出,盾构开挖引起的上方附加位移峰值随着净距 d_h 的增大而迅速减小,且平面轴线夹角 θ 越大,即两隧道越趋近于垂直,位移减小幅度就越大。

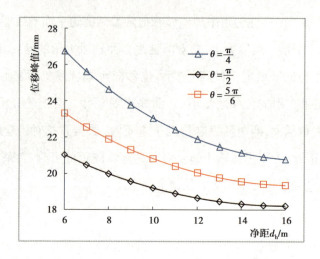

图 4.18　隧道净距的影响

4.4　与离心试验结果的算例对比

英国学者 Marshall&Klar 等[72]（2010）利用剑桥大学的土工离心试验机设计了一系列模型试验来研究盾构正交下穿掘进对上方既有管线隧道附加内力的影响。离心机模型试验设计工况及尺寸如图 4.19 所示。其中，容纳模型隧道、管线和砂土的试验箱的平面尺寸为 770 mm×147.5 mm，装填满砂土后的深度为 311 mm；既有管道模型轴线埋深 $z_p = 75$ mm，管道截面尺寸见表 4.3；新建盾构隧道模型轴线埋深 $z_t = 182$ mm，隧道洞径 $D_t = 62$ mm，盾构掘进段长度为 $L_0 = 147.5$ mm。

试验土样取自英国莱顿巴泽德标准硅砂土，其颗粒相对密度为 2.67，最大、最小孔隙比分别为 $e_{max} = 0.97$、$e_{min} = 0.64$。采用自动漏砂器制备了相对密实度为 90% 的均匀砂土，弹性模量 $E = 20$ MPa，泊松比 $v = 0.4$；试验设计了 3 个不同弯曲刚度的既有管线隧道，具体材料数据见表 4.3。其中管线 P1 的刚性最大，可用于模拟地下隧道等刚性线状构筑物；管线 P3 的柔性最大，可用于模拟地下管线、管道等柔性线状构筑物；管线 P2 则属于中间情况。

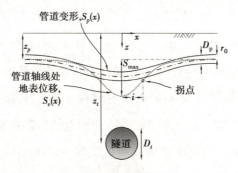

（a）试验工况

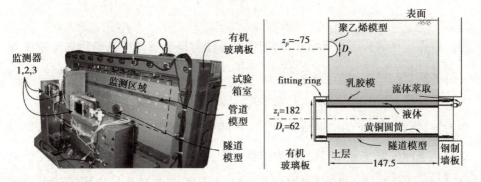

（b）模型试验尺寸

图 4.19　离心机模型试验[72]

表 4.3　管线隧道模型设计参数

管线隧道	材料及弹性模量	截面尺寸/mm	弯曲刚度/(N·m²)
P1（刚性情况）	铝质；$E=70$ GPa	方形；$w=19.05$；$t=1.63$	2.56×10^{10}
P2（中间情况）	铝质；$E=70$ GPa	圆形；$r=9.53$；$t=1.63$	7.54×10^{9}
P3（柔性情况）	塑料质；$E=2.9$ GPa	圆形；$r=8.00$；$t=2.00$	2.04×10^{8}

注：表中 w 是方形截面宽度，t 是厚度；r 是圆形截面半径。

整个试验过程是在 75g 的离心加速度下进行的,即试验尺寸的缩放比例为 75 倍。因此,该试验相当于模拟了现实中一个洞径为 4.65 m(模型洞径 62 mm)、中心埋深为 13.65 m(模型埋深 182 mm)的新建盾构隧道下穿一条中心埋深为 5.6 m(模型埋深 75 mm)的既有管道。盾构开挖过程中,地层损失的模拟通过采用电机驱动一个与隧道相连的充满液体的圆筒密封缸来实现,地层损失率以约 0.3%/min 的速率递增。为了反映不同的地层的扰动程度对既有管道纵向附加内力的影响,每组试验设计了 3 种地层损失率,分别为 $\varepsilon = 1.0\%$, 2.5% 和 5.0%。

根据上述试验工况和参数,利用本书方法对既有管道的纵向附加弯矩进行了理论计算。图 4.20 所示为采用本书方法得到的解析解与离心机试验结果的对比曲线图,其中,横坐标 x/D_t 表示管线纵轴线方向与交叉点的相对距离。可以看出,当管线隧道为刚性情况(P1)、中间情况(P2)时,本书解析预测结果与试验结果能较好吻合,曲线分布规律基本相似,且地层损失率越低,吻合度就越高;但是,当管线隧道为柔性情况(P3)时,解析解与试验结果出现了较大的偏差,且随着地层损失率的增大,偏差会越来越大,当地层损失率 $\varepsilon = 1\%$ 时,弯矩峰值的解析解与试验结果的偏差率为 16.65%,当地层损失率增大至 $\varepsilon = 5\%$ 时,两者之间的偏差率达到 27.13%。其主要原因有两个:一是实际柔性管线抵抗地层变形能力较弱,周围土体进入塑性状态后,管线会随着地层发生较大位移,不再符合理论分析中的弹性假设;二是在地层损失率较大时,土体附加位移也大,实际上管线与土体之间已经发生相对滑移,不再满足变形协调条件,而理论计算中仍然按照管线与土体不分离的假定条件进行计算,因此得到的附加弯矩要比实际情况下大得多。

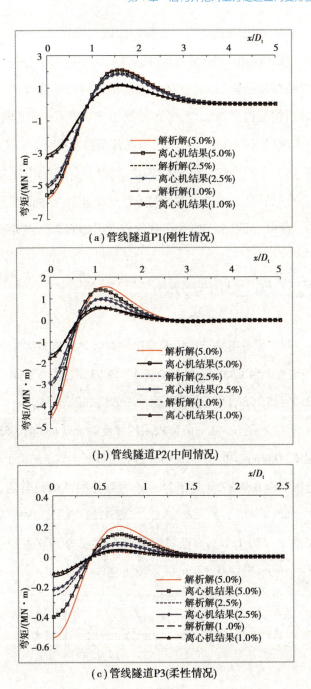

（a）管线隧道P1(刚性情况)

（b）管线隧道P2(中间情况)

（c）管线隧道P3(柔性情况)

图 4.20　解析解与离心机试验结果的对比

综上分析可知,本书方法适用于分析地层损失率较低($\varepsilon \leqslant 1\%$)的情况下,盾构掘进对上方已建隧道等刚性构筑物的影响,而不适用于分析对上方既有管线、管道等柔性结构物的影响,这也是本书解析法的局限性和适用性。实际工程中,对于这种盾构近接穿越工程,考虑到周边环境复杂,施工风险控制严格,一般设计均要求地层损失率低于 1.0%,有的甚至控制在 0.5% 以下[59]。因此,只要设计合理,施工中严格控制对地层的扰动,并且保证同步注浆质量以减小地层损失率,是可以满足上方已建隧道与土体之间相互接触而不发生相对滑移的假设条件的。此时,采用本书方法得到的理论预测值是符合实际情况的。

4.5　工程实例运用与分析

深圳地铁一期工程益田站至香蜜湖站区间双线地铁隧道采用土压平衡式盾构法施工,左线全长 1 540.985 m,右线全长 1 543.93 m,左、右线间距 15.0 m。隧道轴线埋深 12.0～15.0 m,区间隧道主要位于砂质、砾质黏土层中。盾构机刀盘外径 6 190 mm,盾壳外径 6 140 mm;衬砌采用厚度为 250 mm 的 C55 钢筋混凝土管片,管片外径 6 000 mm、内径 5 500 mm,施工中每环注浆量约为 1.8 m^3。

盾构隧道在里程 RK8+750 处下穿一条大管径刚性电缆管道,地铁线路走向与管道走向之间的平面关系接近正交,如图 4.21 所示。盾构隧道与电缆管道之间的最小净距仅为 1.2 m。已建电缆管道材质为 C60 混凝土,弹性模量 34.5 GPa,外径 3.0 m,壁厚 0.12 m,隧顶覆土埋深 7.2 m。

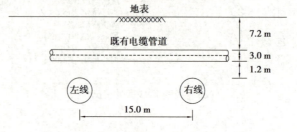

图 4.21　盾构隧道与电缆管道的空间位置示意图

工程先施工左线隧道,待地表沉降和既有管道附加位移趋近稳定之后再施工右线隧道。为了控制施工对周边环境和地下既有结构的影响,对下穿隧道交叉点 RK8+750 处的地面和已建电缆管道进行了长期的沉降监测。沉降测点布置情况如图 4.22 所示,其中,DL 表示电缆管道正上方的地表沉降测线,电缆隧道内部布设了 E,W 两排位移测线。当左线盾构隧道下穿管道通过一段时间后,地表沉降及管道位移达到基本稳定时对应的各测点监测数据见表4.4;当右线通过后至地表沉降和管道位移达到稳定时,各测点的监测数据见表4.5。

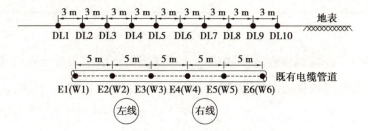

图 4.22　地表沉降和电缆管道位移测点布置示意图

表 4.4　左线隧道通过后,地表沉降及电缆管道附加位移的实测值

测点(测线 DL)	DL1	DL2	DL3	DL4	DL5	DL6	DL7
沉降值/mm	−4.20	−5.40	−6.35	−6.90	−6.55	−4.70	−4.60
测点(测线 E)	E1	E2	E3	E4	E5	E6	—
竖向位移值/mm	−2.44	−3.92	−5.34	−7.16	−8.58	−6.74	—
测点(测线 W)	W1	W2	W3	W4	W5	W6	—
竖向位移值/mm	−2.20	−3.52	−5.58	−6.78	−8.02	−7.42	—

表 4.5　右线隧道通过后,地表沉降及电缆管道附加位移的实测值

测点(测线 DL)	DL1	DL2	DL3	DL4	DL5	DL6	DL7
沉降值/mm	−11.65	−12.9	−9.75	−10.25	−9.25	−7.7	−5.90
测点(测线 E)	E1	E2	E3	E4	E5	E6	—
竖向位移值/mm	−8.02	−9.36	−8.94	−11.66	−11.96	−7.48	
测点(测线 W)	W1	W2	W3	W4	W5	W6	—
竖向位移值/mm	−6.98	−10.36	−11.09	−10.13	−11.19	−7.96	

　　结合该工程算例参数,采用本章 4.1 节提出的方法求来解出盾构开挖引起的地表自由沉降位移,并将计算值与 DL 测线地表沉降值进行了对比;由于该工程中既有电缆管道为大断面混凝土结构,与一般柔性管道不同,实际上可将其视为一条纵向刚性较大的微型隧道,因此,本书方法也可适用于求解刚性管道附加位移,理论计算中取土体弹性模量 $E_s = 8.2$ MPa、泊松比 $\upsilon = 0.3$,既有隧道纵向等效弯曲刚度 $EI = 5.87 \times 10^7$ kN·m,地层损失率取 $\varepsilon = 0.84\%$;此外,为了进行方法对比,本算例也根据 Loganathan & Poulos 位移解,采用基于 Pasternak 地基梁的两阶段位移法对管道附加位移进行了理论预测。

　　图 4.23 所示为地表沉降曲线的计算值与实测值的对比图。可以看出采用本书方法计算得到的 DL 测线沉降槽的变化规律与实测变化规律相似,沉降曲线近似满足 Gaussian 正态分布,地表最大沉降点位于下穿隧道正上方。地表测线上测点沉降的实测数据均要比计算值偏小,其原因是上方大管径刚性管道的存在约束了结构周围土体自由变形,抑制了上方地表沉降变形。而采用镜像源汇法理论计算土体自由位移时,仍将地层当作为均质土体来处理,忽略了既有电缆管道刚度的影响。

　　图 4.24 所示为运用本书方法、两阶段位移法和现场监测方法得到的电缆隧道纵向附加位移分布曲线的对比图。可以看出,电缆管道附加沉降位移关于

下穿隧道轴线呈对称分布；本书方法的计算值与实测数据相比，无论是最大沉降值还是沉降范围都较为接近，由于实际施工中存在刀盘旋转等影响因素，会引起一些误差；本书方法与两阶段位移法得出的沉降解析曲线相比，两者分布规律相似，只是具体数值上存在略微的差异，再次验证了本书方法的有效性；但是与两阶段位移法的求解过程相比，本书方法的优点是直接通过整体耦合分析方法来求解管道附加沉降位移，不需要选用地基模型和确定地基模量等参数，因而简化了计算过程。

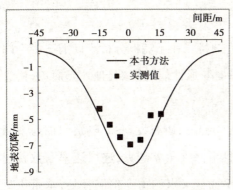
（a）左线通过后，DL测线竖向位移

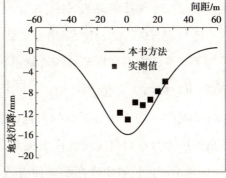
（b）右线通过后，DL测线竖向位移

图 4.23　地表沉降曲线对比

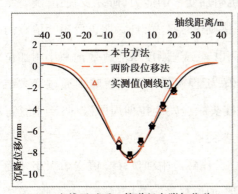

（a）左线通过后，管道竖向附加位移

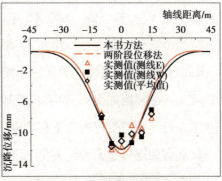
（b）右线通过后，管道竖向附加位移

图 4.24　管道附加位移曲线对比

4.6　本章小结

本章基于镜像源汇法原理和非等量径向土体位移模式来求解盾构开挖引起土体自由位移场,利用隧道—土体变形整体耦合分析的思路建立了盾构下穿施工对已建隧道影响的解析方法,对影响既有隧道纵向变形性能的主要参数进行了单因素量化分析,并结合离心试验算例和工程实例进行了方法验证。主要完成的研究工作及成果如下:

①与现有解析法相比,提出方法最大的特点在于能够分析不同的三维空间位置关系下盾构下穿施工对既有隧道纵向变形性能的影响,且计算简单,概念清晰,可直接用于工程计算。

②间隙参数 g 体现了盾构掘进的扰动程度,研究发现:a. 隧道附加剪力峰值随间隙参数增大呈现线性递增关系,且平面夹角 θ 越大,递增速率系数就越大;b. 剪力峰值位置出现在距离两隧道平面交叉点约 1.5 倍洞径处,垂直正交关系是已建隧道受剪的最不利平面位置关系。

③纵向弯曲刚度 EI 体现了隧道抵抗附加变形的能力,研究发现:a. 随着结构刚度的增大,位移峰值不断变小,沉降槽则逐渐变宽,且附加正弯矩峰值点向远离隧道交叉点的方向发生移动;b. 提高既有隧道刚度虽能有效地减小附加位移,但同时也显著地增加了附加弯矩峰值,工程实际中不应一味地通过增大结构刚度来控制其附加变形,以避免管片接头螺栓发生拉伸屈服破坏;c. 垂直正交关系是已建隧道受弯的最不利平面位置关系。

④随着两隧道平面轴线夹角的增大,已建隧道附加位移峰值逐渐减小并趋近于稳定;两隧道越趋近于垂直关系时,附加位移影响范围就越小。因此,为了尽量减小施工对已建隧道的变形扰动,应当尽量采取正交下穿方式快速通过。

⑤结合盾构开挖对既有管道影响的离心机试验的算例分析发现,本书方法对刚性管线(P1)和中间管线(P2)的预测效果较好,由于未考虑隧道与土体相互作用的塑性行为,提出方法更适用于分析地层损失率较低($\varepsilon \leqslant 1\%$)的情况下对隧道等刚性构筑物的影响,而不适用于分析对管线等柔性结构物的影响。

⑥结合某具体盾构下穿既有刚性管道的工程实例进行了方法运用,结果显示,刚性管道沉降的理论解与实测值比较接近,验证了提出方法的有效性。

第 5 章　重叠开挖卸荷下既有隧道的变形特征与控制技术研究

基坑开挖对坑外不同位置处隧道的影响程度不同,坑外不同区域内既有隧道的变形特征及相应的控制措施也不相同。已有的关于基坑施工对坑外隧道的影响与保护研究大都是限于某具体的位置关系,尚缺乏系统的分析,得出的结论往往带有一定局限性。本章依托深圳地铁 11 号线"南山站—前海湾站"区间段重叠隧道工程,采用数值模拟方法研究了基坑重叠开挖卸载对邻近隧道的影响规律,系统分析了坑外不同区域内既有隧道变形特征,并提出了相应的变形控制对策。

理论计算得出的邻近隧道附加变形超过设计控制标准时,需要采取辅助措施。地层加固和地基抗拔桩是卸荷工程中控制基坑周围土体和隧道变形的两种重要辅助措施。虽然已有不少文献对地基加固进行了分析[136,137],但是关于不同的地层加固方案对减小隧道变形的具体作用机理还需要进行更深入的研究;而关于基坑下卧地基内抗拔桩的承载特征及其对隧道隆起变形的限制机理尚无人探讨。因此,本章利用数值模拟方法对地层加固和抗拔桩这两种辅助强化措施对隧道变形的影响效果进行了深入研究,对比分析了不同的强化方案下隧道变形控制效果,得出的一些结论可为类似工程提供指导和借鉴。

5.1　工程概况

（1）工程简介

深圳地铁 11 号线"南山站—前海湾站"区间段地铁线路东起桂庙路路口，沿桂庙路下向西穿行，最终到达前海湾站，全长 3.63 km。区间地铁隧道与桂庙路改造工程所涉及的下穿隧道共线，共线区段位于南海大道和振海路之间，共线段长度达到 2.96 km。共线段隧道平面位置关系如图 5.1 所示。

共线段地铁隧道与下穿隧道呈上、下重叠关系，下穿隧道位于地铁隧道的侧上方或正上方，最小净距仅为 6.1 m（约 1 倍洞径），图 5.2 表示了地铁隧道和下穿隧道典型设计横断面示意图。共线段施工顺序为先期采用盾构法施工 11 号线地铁隧道，后期采用全幅明挖法施工桂庙路下穿隧道。因此，本工程实质上属于已建地铁隧道上方的重叠明挖基坑施工，其特点是长条状的明挖基坑沿着地铁 11 号线纵向重叠卸载范围大，且地质条件和周边环境复杂，需要严格控制基坑施工对下方地铁隧道影响。

图 5.1　深圳地铁 11 号线与桂庙路下穿隧道线路平面图

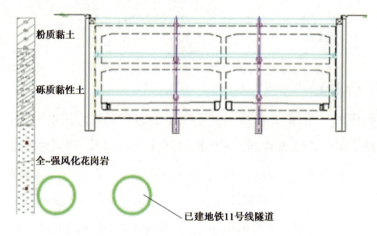

粉质黏土

砾质黏性土

全~强风化花岗岩

已建地铁11号线隧道

图 5.2　地铁隧道和下穿隧道典型设计横断面图

该场地地貌属于海-冲积平原,地势平坦,沿线微地貌发育,主要发育冲洪积平原及其间沟谷、浅海区及海陆交互沉积区地貌。勘察揭露场区第四系地层自上而下依次为素填土、人工填石、杂填土;第四系冲积淤泥;第四系全新统海积淤泥;第四系全新统冲洪积黏土、粗砂和砾砂;第四系晚中更新统残积砂质黏性土以及下覆加里东期全~强风化混合花岗岩。

(2)围护结构及开挖方案

基坑围护结构为桩径 1 m、间距 1.2 m 的钻孔灌注排桩,配合桩间高压旋喷止水措施,支护排桩内侧采用挂网喷射混凝土进行防护。其中,基坑挖深较浅段采用悬臂式支护排桩,挖深较大段则视地面荷载情况设置一——三道横向支撑,横向支撑下设有临时立柱以加强稳定性。基坑围护结构示意图如图 5.3 所示。

全线基坑采用明挖顺筑法,竖向分层、纵向分段开挖施工。主要施工步骤为:首先施工钻孔灌注排桩和冠梁等围护结构;然后依次向下分层开挖,开挖土方至第一——三道支撑底面标高后,立即施做横向支撑;最后开挖至设计要求的基坑底面标高处,并浇筑混凝土底板。对于坑底部分土质较软弱段进行地基加固,提高被动区抗力,避免围护排桩内倾而出现踢脚失稳。

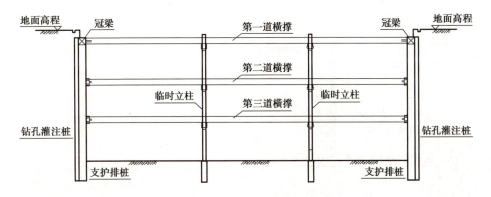

图 5.3　基坑围护结构示意图(以三道支撑为例)

5.2　重叠开挖周围洞室变形特征区域

5.2.1　数值模型的建立与验证

(1)模型尺寸的确定

根据本工程重叠隧道的特点,新建下穿隧道纵轴线与已建地铁线路的平面位置关系接近于平行,因此,适合建立二维平面应变模型来进行分析,模型纵向长度取为横向支撑的纵向间距,即 4.0 m。本节数值模拟研究中,取基坑开挖深度 $H=16$ m,开挖宽度 $B=40$ m。

Hsieh 等[138]研究发现,基坑横向地表沉降曲线的影响范围为 4 倍开挖深度,因此,模型横向尺寸取至围护结构以外 64 m(即 $4H$);刘燕[139]研究发现,坑底面 2 倍基坑开挖深度以下的土体回弹变化量已经很小,本书模型加大深度取至坑底面以下 54 m,以基本满足模型边界对坑外土体变形特征无影响的要求。综合上述考虑,可确定二维模型一半平面尺寸为 84 m×70 m,如图 5.4 所示。

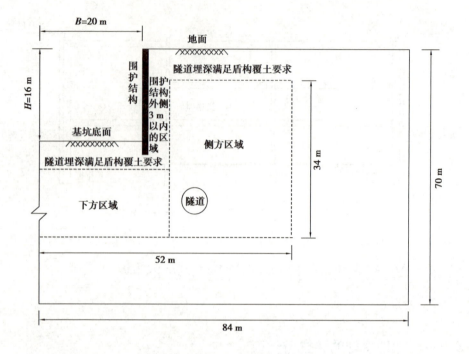

图 5.4　模型一半几何尺寸示意图

(2)坑外隧道受影响区域

本节重点研究基坑重叠开挖卸载之后坑外不同位置处既有隧道的变形特征,因此,需要确定坑外隧道受影响区域的分布范围。根据《上海市地铁沿线建筑施工保护地铁技术管理暂行规定》[3],地铁线路两侧 3 m 范围内不能进行任何地下施工活动,故将隧道布置在围护结构 3 m 以外的区域;《地铁设计规范》(GB 50157—2013)[40]要求隧道覆土埋深不应小于 1 倍外径(约 6 m),故将隧道布置在地面和坑底面 6 m 以下的区域;根据邓旭[93]的研究,基坑侧方区域土体水平变形的影响范围集中在围护结构外侧 2 倍开挖深度(2H)范围之内,本书取至围护结构以外 32 m;实际工程中隧道埋深很少超过 40 m,研究中取隧道中心最大埋深 40 m。综合上所述考虑,用虚线在图 5.4 中画出了坑外隧道的受影响区域并标注了相应的尺寸。如图 5.4 所示,根据隧道受影响区域与基坑的相对位置,又可以将其分为下方区域和侧方区域。

根据隧道与基坑之间的相对位置变化,在坑外隧道受影响区域内不同位置处建立工况模型,以分析坑外不同位置处隧道的变形特征。图 5.5 所示为某具体位置工况对应的二维模型整体网格划分示意图。

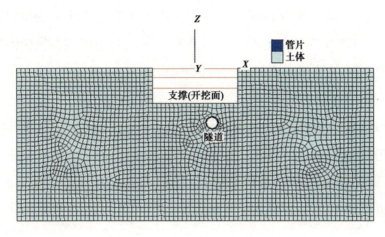

图 5.5　模型整体网格划分示意图

（3）材料参数

研究采用 Mohr-Coulomb 准则作为基坑开挖后的弹塑性土体屈服准则[141]。为简化计算,模型采用单一均质土层,土体力学参数为:弹性模量 84 MPa,泊松比 0.26,黏聚力 29.0 kN/m²、内摩擦角 28°、重度 20.0 kN/m³。需要说明的是,由于实际软土本构关系的复杂性和地层力学参数的不确定性,本章数值分析中所选用的 Mohr-Coulomb 弹塑性本构模型只能近似地模拟基坑开挖后土体的力学变形行为[142],《基坑工程手册》指出[143],理想的弹塑性 Mohr-Coulomb 本构模型的卸载模量和加载模量相同,因此,应用于基坑开挖时得出的坑底土体回弹量值会偏大,故本章通过数值模拟得出的土体和隧道变形数据仅作为定性分析和探讨的参考值,而不做定量化的要求。

盾构管片外径为 6.0 m,管片厚度 0.35 m,采用具有线弹性本构关系的实体单元来模拟管片。考虑到管片环向接头、螺栓连接等因素的存在对刚度产生折损,根据 LEE[144] 的研究,取横向刚度有效率为 75.0%,并通过对管片弹性模量的折减来体现对横向刚度折减,即 $E = 0.75E_{c50}$,泊松比取 0.2。

采用壳结构单元(Shell)来模拟围护墙,围护墙厚度为 0.8 m。围护墙参数为:弹性模量 25 GPa,泊松比 0.2,重度 2 500 kN/m³;采用梁结构单元(Beam)来模拟横向支撑,支撑截面尺寸为 0.6 m×0.6 m,第一、第二道支撑竖向间距为 4 m,第二、第三道支撑竖向间距为 5 m,支撑结构参数为:弹性模量 30 GPa、泊松比 0.2。工程中临时立柱、纵向联系梁等结构件的作用只是提高横向支撑受力稳定性,参与受力很小,因此忽略其作用。

(4)模拟过程

在分析基坑开挖对邻近已建隧道的影响时,认为初始化阶段隧道已经存在,具体模拟过程为:

①生成初始地应力,并将初始地层位移清零。

②开挖隧道土体,激活管片材料属性,计算至平衡后,将地层和管片位移清零。

③开挖基坑土体,激活围护墙、横支撑和底板混凝土的材料属性,并计算至平衡。

④提取地层和隧道位移等数据,进行分析。

⑤数值模型的验证。

为了验证上述数值模型所选用的土体本构关系及相应材料参数的合理性,首先计算了不包含隧道条件下基坑开挖引起的坑外地表变形曲线,并结合现有的经验公式进行对比分析,以判断模型的可靠性。

Schuster 等[145]研究认为,基坑在侧壁围护墙墙后一倍开挖深度处($1.0H$)的地表水平位移达到最大,该点之外水平位移迅速减小,至墙后 $2.5H$ 处衰减为最大值的 0.4 倍,$2.5 \sim 5H$ 范围内逐渐收敛至零。图 5.6 给出了数值模拟得出的坑外地表水平位移曲线(图中的横坐标 x/H 表示坑外地表面距离围护结构的水平距离 x 与基坑深度 H 之比),可以看出,虽然数值模拟得出的主要影响区范围要小于经验曲线,但是两者的变化趋势基本相似,且在坑外一倍基坑开挖深度处水平位移达到最大值的结论与经验曲线一致。

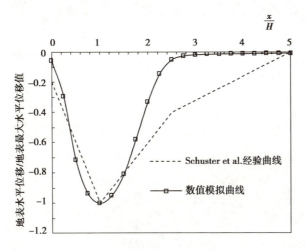

图 5.6　坑外地表水平位移曲线

Hsieh 等[138]研究发现,基坑外侧的地表沉降主要影响范围集中在围护墙外侧 $2H$ 之内,且最大沉降值位于墙后 $0.5H$ 处,$4H$ 范围之外地表沉降近似为 0,其给出的地表沉降预测公式如下:

$$u_v(x,0,0)=\begin{cases} u_{v,\max}\left(\dfrac{x}{H}+0.5\right) & (0\leqslant x\leqslant 0.5H) \\[2ex] u_{v,\max}\left(\dfrac{-0.6x}{H}+1.3\right) & (0.5H\leqslant x\leqslant 2H) \\[2ex] u_{v,\max}\left(\dfrac{-0.05x}{H}+0.2\right) & (2H\leqslant x\leqslant 4H) \end{cases} \quad (5.1)$$

式中　$u_{v,\max}$——地表沉降最大值。

图 5.7 给出了数值模拟得出的坑外地表沉降曲线。可以看出,数值模拟得出的地表沉降曲线和经验曲线分布规律基本一致,无论是最大沉降值的位置还是沉降槽范围,两者均能较好地吻合。

通过上述对比分析可知,数值模型得出的地表变形情况与前人结论基本一致,表明模型所选用的土体本构关系和参数能够较好地反映开挖后的土体变形规律,满足对基坑开挖工程定性分析的要求,可以在此基础上进一步研究基坑开挖对坑外不同位置处既有隧道的影响规律。

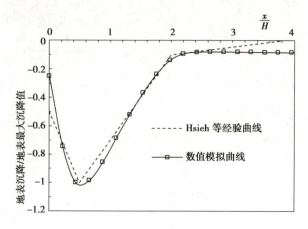

图 5.7　坑外地表沉降曲线

5.2.2　坑外洞室变形特征分区

1)下方区域隧道洞室变形特征

为了研究基坑下方区域不同位置处隧道的变形特征,首先选取下方隧道埋深为 22 m 保持不变,通过调整隧道与基坑中心的水平间距来分析洞室位移随水平间距的变化情况;然后,选取隧道与基坑中心的水平间距为 12.0 m 保持不变,通过调整隧道埋深来分析洞室位移随埋深的变化情况。图 5.8 给出了上述两种分析情况下,基坑下方区域内隧道洞室位移变化曲线(其中,隧道竖向位移以隆起为正、沉降为负,水平位移以指向基坑中心方向位移为负、反之为正)。

可以看出,基坑下方区域隧道水平位移值较小,竖向位移值较大,使得总位移曲线与竖向位移曲线几乎重合,表明受上部土体竖向卸载的影响,下方区域隧道的附加位移以竖向隆起为主;同样的埋深条件时,随着水平间距的增大,隧道水平位移逐渐增大,而竖向位移和总位移值逐渐减小;同样的水平间距条件下,隧道的竖向位移、水平位移和总位移均随埋深的增大而急剧减小。

图 5.9 给出了隧道与基坑中心的水平间距分别为 0 m、8 m 和 16 m 时,下方区域隧道洞室节点位移矢量图(隧道埋深为 22 m)。可以看出,下方区域隧道

拱顶和拱底竖向位移方向均向上,说明下方区域隧道均发生了不同程度的整体隆起位移,水平位移方向均指向基坑中心。隧道位于开挖面以下,随着水平间距的增大,隧道结构会发生旋转现象。

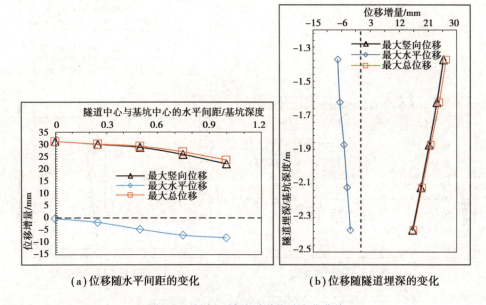

（a）位移随水平间距的变化　　　　（b）位移随隧道埋深的变化

图 5.8　下方区域的隧道位移变化曲线

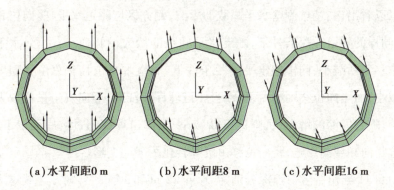

（a）水平间距 0 m　　　　（b）水平间距 8 m　　　　（c）水平间距 16 m

图 5.9　下方区域隧道位移方向矢量图

2）侧方区域隧道洞室变形特征

同样,为了研究基坑侧方区域不同位置处隧道的变形特征。首先,选取侧方隧道埋深为 10 m 保持不变,通过调整隧道与侧壁围护墙的水平间距来分析洞室位移随水平间距的变化情况;然后,选取隧道与围护墙的水平间距为6 m保持不变,通过调整隧道埋深来分析洞室位移随埋深的变化情况。图5.10给出了上述两种分析情况下,基坑侧方区域内隧道洞室位移变化曲线。

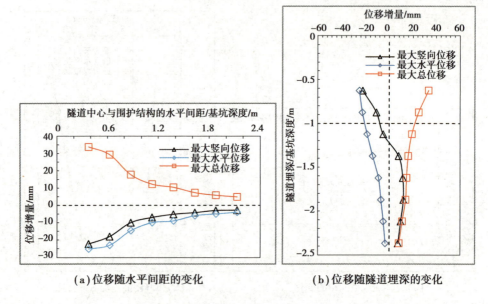

(a)位移随水平间距的变化 (b)位移随隧道埋深的变化

图5.10 基坑侧方区域的隧道位移变化

可以看出,受基坑侧壁水平卸载的影响,侧方区域隧道水平、竖向位移值均较大;同样的隧道埋深条件下,随着水平间距的增大,洞室竖向位移、水平位移和总位移不断减小;同样的水平间距条件下,洞室水平位移和总位移随埋深而不断减小,而竖向位移则相对复杂,当隧道埋深较浅时,竖向发生量值较大的沉降位移,随着埋深的增大,沉降值不断减小,当隧道埋深超过坑底面以下之后,受基坑竖向卸载的影响,竖向位移由沉降转化为隆起变形。

图5.11给出了隧道埋深分别为14 m、22 m和30 m时,侧方区域隧道洞室节点位移矢量图(水平间距为6 m)。可以看出,隧道左、右拱腰处节点在水平方向均发生了指向基坑中心的水平位移;当埋深较浅时,拱顶和拱底竖向位移方向均向下,隧道发生整体沉降位移;随着埋深的增大,受深层土体隆起变形的影响,拱底逐渐出现向上的隆起位移,而拱顶仍发生向下的沉降位移,隧道结构

会出现水平方向直径拉伸、竖直方向直径压缩的现象；当埋深继续增大至坑底面下方区域时,拱顶也转化为隆起变形此时,隧道发生整体隆起位移。

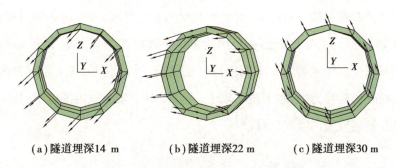

(a)隧道埋深14 m　　　(b)隧道埋深22 m　　　(c)隧道埋深30 m

图 5.11　下方区域隧道位移方向矢量图

由上述分析可知,基坑下方区域的隧道均发生整体隆起位移,而侧方区域的隧道则可能发生沉降,也可能发生隆起位移。根据洞室拱顶、拱底竖向位移方向的不同,结合基坑周围不同位置工况的计算结果,可在基坑周围划分出 3 个洞室变形特征区域,分别为沉降区、过渡区和隆起区。

(1)沉降区

将基坑周围隧道拱顶、拱底均发生沉降位移的区域定义为变形沉降区。沉降区分布在基坑侧方区域地表面以下一定浅埋地层范围内。由于该区域内洞室拱顶、拱底均发生沉降位移,导致隧道在竖向发生整体沉降位移。由图 5.10 (a)可以看出,沉降区隧道在竖直方向和水平方向的位移均比较显著,施工中需加强对两个方向的位移监测与控制。

(2)过渡区

将基坑周围隧道拱顶发生沉降位移、拱底发生隆起位移的区域定义为变形过渡区。过渡区位于沉降区下方一定范围内。由于该区域内洞室拱顶、拱底竖向位移方向相反,导致隧道在竖向可能会发生整体沉降位移,也可能会发生整体上抬位移,且洞室整体竖向位移很小,但水平位移较大。因此,对于该区域内的隧道,施工中应当更加重视水平方向的变形监控与保护。

（3）隆起区

将基坑周围隧道拱顶、拱底均发生隆起变形的区域定义为变形隆起区。隆起区主要分布在基坑下方区域，受上方开挖卸载的影响，该区域内洞室拱顶、拱底均发生隆起位移，导致隧道在竖向均发生整体隆起位移。图 5.8（a）给出了隆起区洞室位移增量随着水平间距的变化情况，可以看出，基坑正下方区域隧道以竖向隆起位移为主，水平位移较小。因此，对于该区域内的隧道，施工中应当重点控制隧道竖向隆起位移。

5.2.3 隧道变形控制对策

由于城市地下环境的敏感性和复杂性，既有隧道上方的重叠基坑开挖工程存在风险高、近接影响强的特点。为了保证已建地铁隧道的安全与正常运营，在设计阶段就应当对既有隧道附加变形进行预测，并结合变形控制标准提出相应的控制对策。

目前，只要土体本构模型和参数取值得当，数值模拟能够有效地模拟各种复杂的开挖工况与支护方案下土体与邻近隧道的相互作用，以及坑外地层加固效果。因此，可以根据拟订的初步设计方案建立重叠开挖卸载对邻近隧道影响的有限元数值模型，对基坑开挖过程进行模拟并得到邻近隧道结构的附加位移，如果结构附加位移小于控制值，则设计方案满足要求，否则需要对方案进行调整与优化，直至数值计算得到的隧道变形满足控制标准，并将最终设计方案工况下对应的基坑围护结构变形、地表沉降、坑底回弹位移等数据作为施工中基坑变形控制的参考值，实际施工中如果基坑的某项变形数据超过参考值，则表明邻近隧道结构也可能处于危险状态，需要及时进行监测资料的信息反馈并调整施工参数，做到动态施工。具体的流程如图 5.12 所示。

根据隧道变形控制措施作用对象的不同，重叠开挖对邻近隧道变形的控制对策可分为以下 3 类。

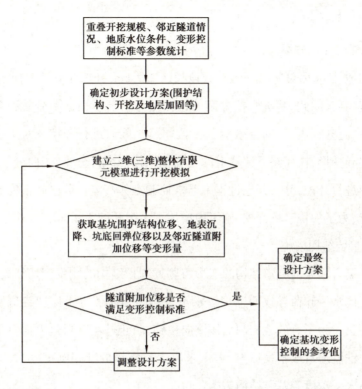

图 5.12　邻近既有隧道的重叠开挖设计控制方案确定流程

1)既有隧道对策

　　既有隧道对策是对既有隧道采取主动加固、加强等措施,主要包括回填压降、坑外二次加固、盾构管片螺栓的加强和紧固、内衬加强以及加垫板方法等措施。

　　其中回填压降和坑外二次加固的目的都是改善隧道周围地层,提高土体抗变形的能力;对于盾构隧道来说,附加变形过大会导致管片之间接缝间隙张开,从而引起渗漏水甚至局部压碎,通过加粗或紧固连接螺栓来加强管片连接处的强度,可以避免接头处发生张拉破坏;内衬加强是对卸载区域内先建隧道通过加强配筋和增大衬砌厚度,以提高衬砌承载能力;如果隧道附加位移引起了道床和轨道结构的沉降,此时,可根据沉降量在垫板以下加垫的方法来调整轨面标高。对于道床与隧道发生分离时,可采用无压灌浆法利用 AB 树脂进行修补。

2）基坑施工对策

（1）基坑开挖方案

深圳地铁 11 号线重叠隧道共线段长达 2.2 km，开挖卸荷量大，产生的位移场影响范围广，因此，基坑开挖方案的选择至关重要。根据卸荷面积大小和形状，工程中充分利用了"时空效应"，分段、分块、限时进行开挖。为了控制地铁隧道的差异变形，桂庙路下穿隧道的基坑施工按照纵向分步、竖向分层、左右分幅的原则进行开挖，分层开挖过程中严格控制土体高差。分段施工完成后及时回填覆土，为了加快基坑开挖，施工中增加了多个开挖工作面。

（2）基坑结构措施

基坑侧方区域内隧道结构的变形与侧方围护结构的刚度密切相关，基坑侧壁面处土体水平卸荷导致的围护墙水平变形是引起侧方土体和隧道发生水平位移的源头。为了有效地控制墙体侧向位移，防止基坑变形过大而对基坑本身及侧方地铁隧道造成不良影响，可以采取提高支撑的结构刚度、增大围护墙厚度及侧墙入土深度等基坑结构措施。

（3）结构变位分配原理

基坑施工过程中涉及许多工艺与工序，开挖对周围土体或结构附加位移的影响是一个动态、逐步累积的过程。因此，可以根据施工过程将隧道附加变形控制标准分解到每一个施工工艺与工序之中，即制订施工步序变形控制标准，只要每个施工步序中的变形得到控制，那么整个结构的附加变形控制就能得以实现。这就是基坑开挖过程中的结构变位分配原理，具体施工中可根据开挖、降水以及结构施做等主要施工步序来制订各个工序下的变形控制基准，达到控制累计总变形，确保结构安全。

3）中间地层对策

（1）地层加固法

中间地层对策即针对基坑和邻近隧道之间的中间地层，进行全面的地层加固和改良措施。可以采用超前降水法、水泥旋喷桩加固法、压降法、冻结法等坑外二次加固工艺来强化基坑下方地层参数,提高被动区土体的强度;也可以采用地下连续墙、抗浮桩、抗浮板等地下结构措施来控制既有隧道变形。坑外二次加固体和地下结构物作为异质体,对邻近基坑开挖产生的附加位移传递具有隔断作用,能有效地控制下方和侧方隧道变形。

（2）分区卸荷施做抗拔桩措施

深圳市前海双界河路工程二标邻近既有地铁线路的基坑工程位于地铁 1 号线、5 号线和 11 号线上方,距离下卧隧道垂直最小净距仅为 3.25 m,如图 5.13 所示。为了保护下方既有地铁线路,施工中充分利用分区卸荷原理,提出了竖井分段开挖施工抗浮板方案,即采用竖井间隔开挖,开挖到底后及时施做抗拔桩和抗浮板等抗浮措施,待竖井间隔施工全部完成后,再完成全幅基坑的开挖。工程实践表明,该方案能较好地控制下卧隧道隆起变形。

（a）双界河工程与地铁线路关系透视图　　　　（b）竖井航拍

图 5.13　分区卸荷施做抗浮措施

5.3　地层加固对控制隧道变形的效应分析

由于已运营隧道难以对其自身结构采取抗隆起措施,因此主要从控制中间地层附加变形的方法来保护既有隧道,而基坑地层加固则是工程开挖中控制地层变形的常用手段。地层加固通常是采取某种加固工法（旋喷桩、压密注浆、深层搅拌桩、SMA 等）,对基坑周围一定范围之内的土体进行加固。其原理是通过注浆增大原始地层的弹性模量、黏聚力以及内摩擦角等力学参数,从而增大地层的抗剪强度,以达到控制土体开挖卸荷条件下隧道附加变形的目的。地基加固不仅减小了加固范围内的土体卸载变形,还使应力扩散更加均匀,因此能有效地减小基坑开挖引起邻近隧道变形。

本章结合依托工程背景,采用数值模拟方法分别探讨了地基加固措施对基坑下方区域和侧方区域内隧道变形的影响机理和控制效果。

5.3.1　下卧地层加固的抗隆起变形分析

通过上文研究结论可知,基坑下方区域的隧道变形以竖向隆起为主,本节将采用三维数值模拟方法研究下卧地层加固对隧道隆起变形的控制机理和效果。

假设基坑平面开挖尺寸为 $L \times B = 88$ m$\times 40$ m,开挖深度 $H = 14$ m,地铁隧道位于基坑正下方,纵向平行于基坑长边,隧道外径 $D = 6$ m,隧顶与坑底面净距12 m。由于问题关于纵向 y 轴具有对称性,故取其一半,模型尺寸为 160 m$\times$200 m$\times$80 m。将地层简化为软、硬两层土体,上层为软质土,厚度 35 m,取弹塑性本构模型;下层为硬质土,厚度 45 m,取弹性本构模型;地层加固体取弹性本构模型,地层和加固体计算参数见表 5.1;围护墙采用壳单元模拟,弹性模量 30.0 GPa、泊松比 0.2、厚度 0.8 m;在围护墙顶端和中部分别设置两道内支撑,纵向间距为 4 m,支撑结构采用梁单元模拟,弹性模量 30 MPa,泊松比 0.2,截面尺寸为 0.8 m$\times$0.8 m;盾构管片采用实体单元模拟,弹性模量 34.5 GPa,泊松比 0.2。

地层和加固计算参数见表 5.1。

表 5.1　地层和加固体计算参数

材料	弹性模量/MPa	泊松比	黏聚力/kPa	内摩擦角/(°)	重度/(kN·m⁻³)	厚度/m
软土层	30	0.3	18.0	20	19	35
硬土层	80	0.25	—	—	20	45
加固体	100	0.25	—	—	25	—

假定隧道与周围土体紧密接触,模型四周边界采用水平位移约束,底部边界采用竖向位移约束。分层土体生成原始地应力场后,首先进行隧道开挖模拟,计算收敛后,将结构和地层位移清零作为初始状态,再进行地层加固和基坑开挖模拟。图 5.14 所示为三维有限差分网格划分模型,模型单元总数为 5.17 万。

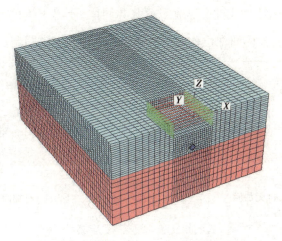

图 5.14　隧道位于基坑下方的 FLAC^{3D} 模型

1)地层无加固和加固后的对比

首先对基坑下卧地层无加固和有加固两种情况进行分析;地层加固型式为坑底全面积加固,取加固深度 $h_s = 10$ m,如图 5.15 所示。

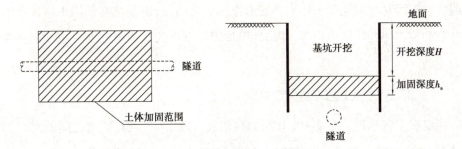

图 5.15　坑底地基加固示意图

图 5.16 给出了有加固和无加固情况下,基坑下卧地基土体剪切应变分布图。可以看出,由于开挖面土体受到围护墙的约束作用,最大剪应变均集中出

现在墙脚位置;地基土体无加固时,最大剪应变为$5.5×10^{-2}$左右,且地层剖面上剪应变分布比较离散;地基加固之后,最大剪应变减小至$4.24×10^{-3}$左右;与无加固情况相比,加固后地层剖面上的剪应变分布更加均匀。由此可见,由于加固土体整体性变强,使得加固范围内土体应力和应变传递更加均匀,此外,加固体与围护墙的连接作用增强,形成了承载共同体,使得土体应力和位移有效地转移到围护结构,土体回弹位移趋势也受到了更加明显的限制。

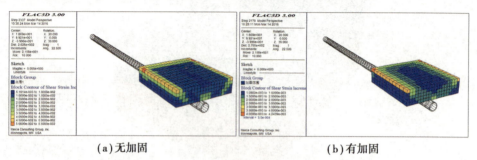

(a) 无加固　　　　　　　　　　　　　　(b) 有加固

图 5.16　基坑下卧地基土体剪切应变等值阴影图

图 5.17 给出了有加固和无加固情况下,基坑下卧地基土体和隧道的竖向位移分布云图。可以看出,无加固情况下,坑底土体最大回弹位移达 41.7 cm,隧道最大隆起位移为 13.5 cm;采取地层加固措施后,土体最大回弹位移减小至 14.0 cm,减小了 66.4%,隧道最大隆起位移减小至 9.6 cm,减小了 28.9%。表明坑底加固对控制地基土体回弹变形作用非常明显,由于坑底加固土体抗压缩变形和抗剪切变形能力增强,使得地层加固体下方的隧道隆起变形也得到了有效控制。

2) 加固型式和加固深度的影响

根据工程场地土质条件、开挖卸载范围、卸载区与既有隧道之间的间距等情况,基坑下卧地基的加固范围主要有两种型式抽条加固和全面积加固。此外,同一种加固型式下,加固深度也会视具体情况而不同。

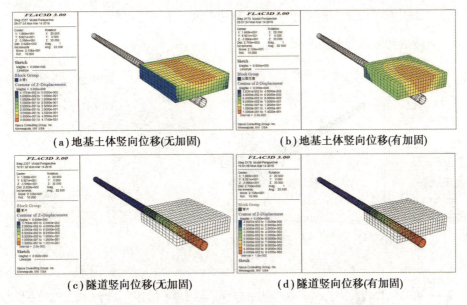

（a）地基土体竖向位移(无加固)　　　　　（b）地基土体竖向位移(有加固)

（c）隧道竖向位移(无加固)　　　　　　（d）隧道竖向位移(有加固)

图 5.17　基坑下卧地基土体和隧道的竖向位移云图

（1）加固型式的影响

为了探讨地基加固型式对下卧隧道隆起变形的影响规律,假设地层加固自基坑底部开始,加固深度均取 h_s =8 m,模拟分析了图 5.18 所示的 3 种加固方案,图中阴影部分为地层加固范围,抽条加固方案 1 代表的是抽条稀疏的情况,分条加固宽度 4 m,抽条间距 12 m;抽条加固方案 2 代表的是抽条密集的情况,分条加固宽度 4 m,抽条间距 4 m。

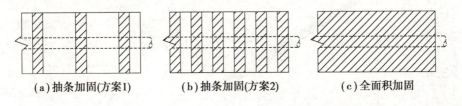

（a）抽条加固(方案1)　　　　（b）抽条加固(方案2)　　　　（c）全面积加固

图 5.18　地层加固型式

图 5.19 给出了上述 3 种不同加固型式下的隧道竖向位移云图,并分别与无加固情况下隧道拱顶、拱底处节点的竖向位移以及左拱腰、右拱腰处节点处水平位移进行了对比。从图 5.19 中可以看出,与无加固的情况相比,3 种型式

的地层加固方案均能不同程度地降低隧道的竖向位移,其中,全面积地层加固型式对隧道变形的控制效果最明显。

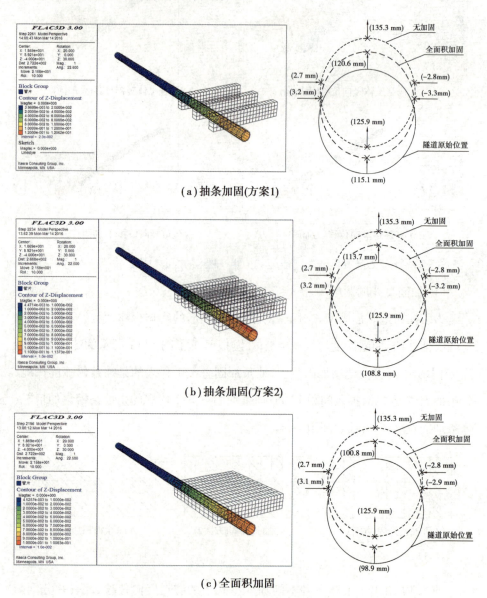

(a) 抽条加固(方案1)

(b) 抽条加固(方案2)

(c) 全面积加固

图 5.19　下方地层加固对隧道位移的影响

数值模拟发现,基坑坑底面土体竖向卸载后,下方区域内隧道特征节点处的竖向位移明显大于水平位移,隧道在竖直方向将发生整体上抬位移;且拱顶节点上抬位移比拱底节点上抬位移大,水平方向左、右拱腰节点均发生指向隧道中心的水平位移,使隧道断面发生了"竖鸭蛋"式的相对拉伸变形,定义竖向拉伸率 u_v 为

$$u_v = \frac{(v_1 - v_2) + (w_1 - w_2)}{D} \tag{5.2}$$

式中　v_1,v_2——拱顶、拱底节点的竖向位移(竖向位移以隆起为正值、反之为负值);

　　　w_1,w_2——左、右拱腰节点的水平位移(水平位移以指向基坑中心方向为负值、反之为正值);

　　　D——隧道洞径。

无地层加固→抽条加固方案1(稀疏)→抽条加固方案2(密集)→全面积加固情况下所对应的隧道断面竖向相对拉伸率为:2.5‰→2.0‰→1.9‰→1.3‰。因此,增大基坑地基加固范围,不仅限制了下方隧道的整体上抬位移,还使得隧道断面变异程度显著减小,能有效地控制隧道断面发生"竖鸭蛋"式竖向相对拉伸变形。

图5.20给出了不同加固型式下基坑下方隧道隆起位移分布曲线,抽条加固方案1(稀疏)、抽条加固方案2(密集)和全面积加固情况下,隧道最大竖向附加位移分别为120.6 mm、113.7 mm 和100.8 mm,与无加固情况相比分别减小了10.9%、16.0%和25.6%。随着加固范围的增大,隧道隆起纵向位移分布范围也在不断缩小。由此可见,由于隧道上部土体加固范围增大,使得承载部分土体的整体性加强,限制隧道变形的能力和作用也得到了增强,隧道隆起的趋势受到更加明显的控制。

(2)加固深度的影响

地层加固深度是影响下卧隧道纵向隆起位移的一个重要因素,一般情况

下,加固深度越大,既有隧道附加变形控制效果越明显,但是工程成本也越高。为了探讨地基加固深度对隧道隆起变形的影响规律,以坑底全面积加固为例,图 5.21 给出了坑底全面积加固型式下,不同加固深度下隧道纵向隆起位移分布曲线,可以看出,与无加固情况相比,当加固深度为 2 m→6 m→10 m 时,下方隧道的最大附加位移分别减小了 11.1%→22.1%→29.2%,隧道隆起位移的影响范围也在不断缩小。

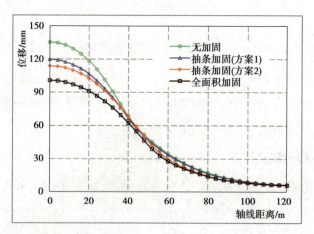

图 5.20　不同加固型式下的隧道隆起曲线

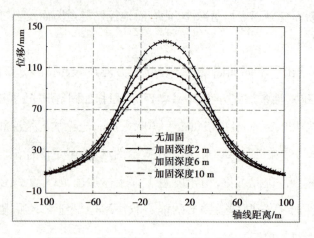

图 5.21　加固深度对隧道隆起位移的影响

图 5.22 给出了不同的加固型式下,隧道最大位移随加固深度的变化情况,可以看出,隧道最大位移随着加固深度的增大均呈现减小趋势,且加固范围越大,位移的减小幅度就越大。当加固深度从 2 m 增大至 10 m 时,坑底全面积加固情况下隧道最大位移减小了 21.5%,而抽条加固方案 2(密集)、抽条加固方案 1(稀疏)情况下隧道最大位移仅分别减少了 11.0%、6.9%。其原因是采用全面积加固时,加固体的整体性强,随着加固深度的增大加固体整体性会变得更强,抗变形作用也更强,能承受更多的剪应力,使得隧道隆起变形更加均匀,且数值明显减小;而抽条加固情况下,分条加固体之间是相互独立的,无法随加固深度的增加而发挥出整体承载效应,且抽条间距越大,增加加固深度对减小隧道隆起变形效果越不明显。因此,工程中如果采用抽条加固方案时,应当避免盲目地通过增加加固深度来提高变形控制效果。

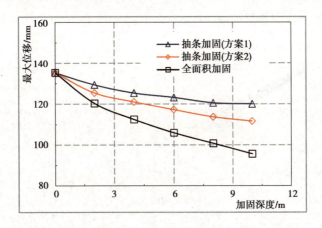

图 5.22　最大位移随加固深度的影响

5.3.2　侧方地层加固的抗水平变形分析

通过上文研究结论可知,基坑侧面的水平卸载使得墙后土体产生不同程度的水平位移,导致侧方区域内隧道的水平变形比较突出,因此,控制侧方隧道水平变形的关键在于控制墙后周围地层的水平位移。本节将采用三维数值模拟方法研究侧方地层加固对隧道水平变形的控制机理和效果。

　　分析中假设基坑平面开挖尺寸为 80 m×40 m,开挖深度为 16 m;侧方隧道中心埋深为 10 m,与围护墙体的水平净距为 7 m;侧向自墙后向外加固,加固长度为 50 m、加固深度为 22 m;地层、加固体、隧道管片和围护结构的材料模型及参数取值与 5.3.1 节取值相同。

　　图 5.23 分别给出了无加固、加固厚度 2 m 和加固厚度 4 m 情况下的隧道竖向位移云图,以及隧道拱顶、拱底处节点的竖向位移和左拱腰、右拱腰处节点的水平位移对比图。从图 5.23 中可以看出,由于隧道位于沉降区,未采取地层加固时,拱顶、拱低节点均发生沉降位移;而侧方地层加固之后,拱顶、拱底节点位移方向均由沉降转化成隆起,其原因是侧方地层的加固体深度较大,已经深入了坑底面下方隆起区的地层之内,使得刚性较大的加固体随下部土体发生向上的位移,从而带动邻近的隧道发生隆起变形。因此,适当的加大侧方加固地层的深度可以抵消掉沉降区内隧道的附加沉降。

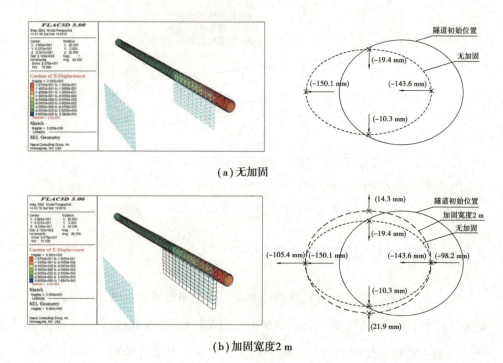

(a) 无加固

(b) 加固宽度 2 m

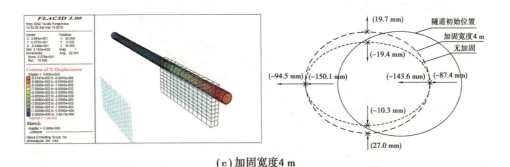

（c）加固宽度 4 m

图 5.23　侧方地层加固对隧道位移的影响

　　侧方区域隧道在水平方向将发生整体水平位移,水平方向左、右拱腰节点均发生指向基坑中心的水平位移,且左拱腰节点水平位移比右拱腰节点水平位移大,使得隧道断面发生了"横鸭蛋"式的相对拉伸变形,则定义横向相对拉伸率 u_h 为

$$u_h = \frac{(v_2 - v_1) + (w_2 - w_1)}{D} \tag{5.3}$$

　　无地层加固→加固厚度 2 m→加固厚度 4 m 情况下所对应的隧道断面横向相对拉伸率为 2.6‰→2.5‰→2.4‰。说明侧方地层加固起到了减小隧道断面的相对横向变形的作用。

　　图 5.24 所示为数值模拟得到的水平位移纵向分布曲线。无加固情况下,侧方隧道水平位移最大值为 147.0 mm,侧方地层加固后,加固体相对于周围天然地层为刚度较大的异质体,具有减小位移屏障的作用,使得隧道水平位移的大小和纵向影响范围均得到了明显的控制,且地层加固厚度越大,隧道变形越小。当加固区域厚度为 2 m 时,水平位移最大值为 101.7 mm,减小了 30.8%；当加固区域厚度为 4 m 时,水平位移最大值为 91.0 mm,减小了 38.1%。

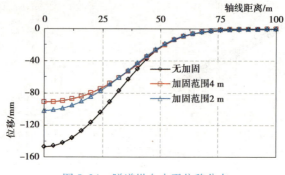

图 5.24   隧道纵向水平位移分布

5.4   抗拔桩对隧道的抗隆起效应分析

抗拔桩(也称抗浮桩)是建筑工程中为了抵消地下水对地下结构产生的上浮力而打的桩,其主要作用机理是依靠桩身与土之间的摩擦力来抵抗上浮力,作为一种有效的地下结构抗浮措施,在地铁车站、地下停车场、地下商场等工程中得到了广泛运用[146]。不少学者对抗拔桩开展了深入的研究[147,148],但成果大都集中于对桩身抗拔极限承载力和对上部建(构)筑的抗拔效果研究[149]。由抗拔桩的作用机理可知,在基坑开挖卸荷的情况下,同样可以利用抗拔桩来控制基坑下卧地层中既有隧道的隆起变形,而关于抗拔桩对深层既有隧道变形控制方面的研究却非常少。

5.4.1   桩-土接触面模型

抗拔桩的桩表面与周围土体之间的相互作用是一种复杂的摩擦行为,其作用机制仍然是目前的研究热点[150],本书利用 FLAC[3D] 建立接触面单元来对桩-土界面进行模拟,接触面模型如图 5.25 所示[151],其理论准则是让一系列节点位于任何特殊面的各个边上,每个节点轮流采用,检查是否与接触面相反边上最近的点接触,如图中的网格节点 N 在接触面 M-P 之间的片段上进行检查。在网格节点 N 处定义接触长度 L,其长度等于节点 N 与左边最近节点之间长度的一半加上节点 N 与右边最近节点长度的一半,与相邻节点是否在接触面和网格节点 N 在同一个边上或相反边上无关。这样,整个接触面被分为连续的部分,每部分由节点控制。将接触面上点的相对位移增量方向分解为法向和剪切向,法向力和剪切力分别为,

$$
\left.\begin{aligned}
F_{\mathrm{n}}^{(t+\Delta t)} &= F_{\mathrm{n}}^{(t)} - k_{\mathrm{n}} \Delta u_{\mathrm{n}}^{\left(t+\frac{1}{2}\Delta t\right)} L \\
F_{\mathrm{s}}^{(t+\Delta t)} &= F_{\mathrm{s}}^{(t)} - k_{\mathrm{s}} \Delta u_{\mathrm{s}}^{\left(t+\frac{1}{2}\Delta t\right)} L
\end{aligned}\right\}
\tag{5.4}
$$

式中　$F_{\mathrm{n}}^{(t+\Delta t)}, F_{\mathrm{s}}^{(t+\Delta t)}$——接触节点在 $t+\Delta t$ 时刻的法向力和剪切力;

　　　$F_{\mathrm{n}}^{(t)}, F_{\mathrm{s}}^{(t)}$——接触节点在 t 时刻的法向力和剪切力;

　　　$k_{\mathrm{n}}, k_{\mathrm{s}}$——接触面单元的法向刚度和剪切刚度;

　　　$\Delta u_{\mathrm{n}}, \Delta u_{\mathrm{s}}$——法向位移增量和剪切位移增量。

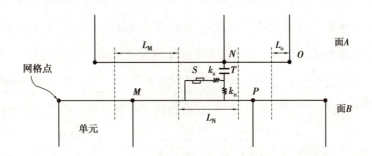

图 5.25　接触面单元的受力示意图

FLAC³ᴰ 提供了 4 种摩擦模型来模拟桩与土之间的摩擦作用,即胶合模型、库伦剪切模型、滑移型和黏结型。其中库伦剪切模型的强度准则为,

$$
F_{\mathrm{s\,max}} = cL + \tan \varphi F_{\mathrm{n}}
\tag{5.5}
$$

式中　c, φ——接触面单元的内摩擦角和黏聚力;

　　　F_{n}——接触面的正应力;

　　　$F_{\mathrm{s\,max}}$——接触面的最大剪应力。

当接触面上的剪切力 $|F_{\mathrm{s}}|$ 小于最大切向力 $F_{\mathrm{s\,max}}$ 时,接触面处于弹状态;当 $|F_{\mathrm{s}}|$ 大于 $F_{\mathrm{s\,max}}$ 时,接触面则进入塑性状态,并发生相互滑移和剪胀现象,库伦

剪切模型通过剪胀角 ψ 来描述剪胀性,当剪切位移增量与总剪切位移方向相同时发生剪胀,反之则发生剪缩。滑移过程中,剪切力保持为最大切向力不变 $(\,|F_s|=F_{s\,max}\,)$,但剪切位移会导致法向有效应力 σ_n 的增加,如下式,

$$\sigma_n=\sigma_n+\frac{|F_s|_o-F_{s\,max}}{L k_s}\tan\psi k_n \qquad (5.6)$$

式中　$|F_s|_o$——修正前的剪力大小。

可见,库伦剪切模型可以较好地描述桩–土接触面上的弹性、弹塑性状态,以及桩–土界面上的相对滑移和剪胀性,因此,本书采用库伦剪切模型来模拟桩表面与土的相互作用。

5.4.2　工程实例及数值计算参数

抗拔桩在邻近既有隧道的基坑卸荷工程中已逐渐推广运用,如深圳市前海双界河段新建地下道路主线及匝道位于已建地铁 11 号线上方,为减小地下道路开挖对既有地铁的影响,工程采用了抗拔桩对既有隧道进行保护。基坑开挖前在既有隧道两侧分别施做一排钻孔灌注桩作为抗拔桩,桩顶面位于坑底面,桩底面位于地铁隧道下方的一定深度处,抗拔桩布置断面如图 5.26 所示。

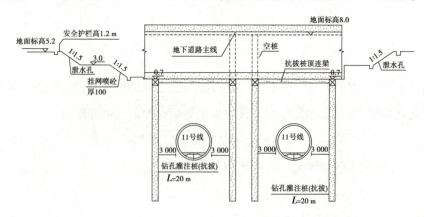

图 5.26　抗拔桩布置横断面图

本书采用 FLAC^{3D} 对基坑下方抗拔桩的力学承载特性及既有隧道的抗隆起

机理进行模拟分析时,土体采用 Mohr-Coulomb 弹塑性本构模型,弹性模量 40 MPa,泊松比 0.35,黏聚力 20.0 kPa,内摩擦角 20°,重度 18.0 kN/m³;管片、围护结构等参数取值与上文 5.3 节相同;抗拔桩的桩身材料采用线弹性本构模型,弹性模量为 25.0 GPa,泊松比 0.2,重度 25.0 kN/m³;对于接触面模型参数,根据文献[152,153]的建议:现场浇筑的钻孔灌注桩接触面的 c,φ 值取为桩周土层 c,φ 值的 0.8 倍;接触面的法向刚度 k_n 和剪切刚度 k_s 均取为相邻"最硬"区域土体等效刚度的 10 倍,即,

$$k_n = k_s = 10 \ \max\left[\frac{(K+\frac{4}{3}G)}{\Delta z_{\min}}\right] \qquad (5.7)$$

式中　K——土体剪切模量,$K = E/3(1-2\upsilon)$;

　　　G——土体剪切模量,$G = E/2(1+\upsilon)$;

　　　$\Delta z_{\min}$——接触面法向连接区域内的单元网格最小尺寸,根据本模型网格划分尺寸取值为 $\Delta z_{\min} = 1$。

5.4.3　抗拔桩承载特性分析

由于基坑底面下卧地基土体会发生回弹,对桩身上部较长一段范围产生上拔作用,而桩身下部分的深层土体则不受坑底卸荷影响,这样就会使得桩身产生轴向拉力[154],如图 5.27 所示,桩身的轴力峰值点即对应于桩侧摩阻力的零点,也是桩身正、负摩阻力的分界点,正摩阻力段的桩体会发挥抗拔作用,限制周围土体的竖向回弹位移,而负摩阻力段的桩体则伸入相对稳定的地层中,防止桩体发生整体上浮位移。

本节采用二维数值模拟方法来分析抗拔桩的桩身承载特性,模拟基坑开挖宽度 36 m,最大挖深 10 m,既有隧道位于基坑正下方,中心埋深 22 m。设置桩型为等截面抗拔桩,方桩截面尺寸 1 m×1 m,桩长 32.0 m,对称布置于隧道左、右两侧,与既有隧道的净距为 3.0 m。二维模型厚度取为抗拔桩纵向间距,即 3 m。

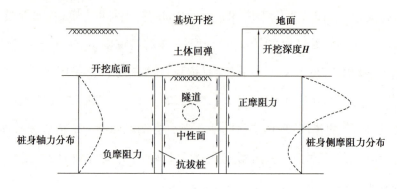

图 5.27 基坑下方抗拔桩的承载特性

1)桩身轴力分析

开挖后桩侧土体经历了竖向卸载,桩侧界面法向应力降低,导致桩侧摩阻力发生变化,并在桩身内部产生轴力,因此,基坑分层开挖的过程也是桩体轴力自上而下逐渐传递和形成的过程。图 5.28 给出了基坑在不同的挖深条件下的桩身轴力分布曲线(图中拉力为正值、压力为负值)。可以看出,桩身轴力分布呈"中间大、两头小"的特征,随着挖深的增大,桩身轴力不断增大,且轴力峰值位置逐渐向桩身下部发生移动,当基坑挖深为 2 m 时,由于卸荷作用影响小,桩体在自重和土体卸荷回弹的综合作用下会产生较小的轴向拉力和压力。当挖深增大至 10 m 时,最大轴力值增大至 2 760 kN,整个桩身以承受拉力为主;受桩身附近既有隧道结构的影响,桩顶以下 20 m 处的曲线会有一定的突变现象发生。

2)桩–土相对位移分析

当桩身界面上的剪应力超过摩阻力时,就会发生桩–土相对位移,图 5.29 给出了不同挖深条件下的桩–土相对位移分布曲线(图中,土体竖向位移大于桩身竖向位移时为正值,反之为负)。从图 5.29 可以看出,根据桩–土相对位移沿桩身的正值、零值和负值分布区域可将抗拔桩的桩身分为以下 3 个特征区段:

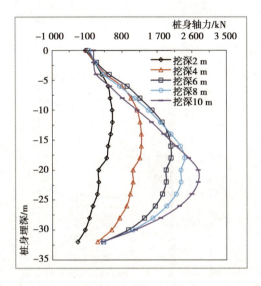

图 5.28　桩身轴力分布曲线

（1）抗拔段

桩-土相对位移为正值的区段定义为抗拔段。抗拔段分布在桩身上部,由于基坑开挖卸载导致桩身上部一定范围内的土体竖向回弹位移大于桩身竖向位移,则该部分桩体的存在相当于约束了周围土体发生向上回弹位移的趋势。桩与土之间发生了相对滑移,表明该区段内的桩身发挥了极限抗拔承载力,抗拔段是抵抗下卧地基土体回弹位移和限制邻近隧道隆起变形的主要作用区段。

（2）稳定段

桩-土相对位移为零值的区段定义为稳定段。稳定段分布在桩身中部一定范围内,该区段内的桩和土体均发生等值的竖向位移,发挥土体抗拔和隧道抗隆起的作用并不明显。

（3）嵌固段

桩-土相对位移为负值的区段定义为嵌固段。由于坑底面下方的土体位移随着深度急剧衰减[93],而刚性很大的抗拔桩的桩身位移随深度的衰减量却很小,导致桩身下部埋深较大处的稳定土层内的土体竖向回弹位移小于桩身位移,该区段的抗拔桩相当于"嵌固"在相对"稳定"的土层之中。对于抗拔桩而言,周围土体约束了桩体向上位移的趋势;但是对于土体而言,该区段内的抗拔桩不仅没有发挥抗拔作用,还会带动桩周的土体发生向上的位移。

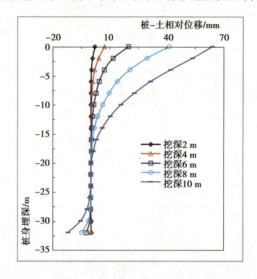

图 5.29　桩-相对位移分布曲线

　　从图 5.29 可以看出,随着基坑挖深的增大,桩-土相对位移急剧增大,桩身抗拔段和嵌固段的长度也不断增大,而桩身稳定段长度则不断缩小;当挖深从 2 m 增大至 10 m 时,桩-土最大相对位移由 2.1 mm 增大至 64.0 mm;抗拔段深度从 4.0 m 增大至 18.0 m;嵌固段的长度从 0 m 增大至 6.0 m。

5.4.4　抗拔桩的抗隆起作用机理

　　为了研究抗拔桩对减小周围地层和既有隧道隆起变形的作用机理,分别对有抗拔桩和无抗拔桩的情况进行二维模拟分析,计算取基坑挖深 10 m,在既有隧道与左、右两侧水平净距 3 m 处分别设置了一排抗拔桩,抗拔桩长 40 m,桩间距 3 m。二维模型的厚度取为抗拔桩的纵向桩间距,即 3 m。

　　图 5.30 给出了无抗拔桩和有抗拔桩情况下的基坑下卧地基土体的竖向位移云图。数值分析发现,无抗拔桩时,坑底最大回弹位移达 207.5 mm,隧道隆起变形为 136.9 mm;施做抗拔桩后坑底最大回弹位移为 131.7 mm,减小了

36.5%,隧道隆起变形为 88.5 mm,减小了 35.4%,说明抗拔桩对减小坑底土体变形和限制隧道隆起位移的作用十分显著;从图 5.30 可以看出,无抗拔桩时,下卧地基土体位移呈整体回弹型态分布。施做抗拔桩后,地基土体位移呈分块回弹型态分布,说明:一方面抗拔桩依靠抗拔段的桩侧正摩阻力有效地约束了土体回弹变形;另一方面,地层中的桩体是异质体,桩身结构刚度很大,从而能阻断上部土体开挖产生的位移传递作用。使得地基土体位移场间断,从而起到减小土体回弹的作用。

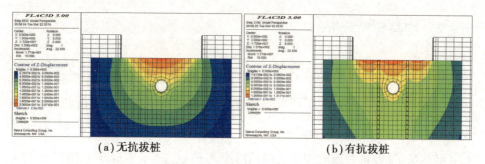

(a)无抗拔桩　　　　　　　　　　　　(b)有抗拔桩

图 5.30　基坑下卧地基土体竖向位移云图

　　图 5.31 给出了无抗拔桩和有抗拔桩情况下的基坑下卧地基土体剪切应变等值阴影图。可以看出,最大剪切应变均发生在基坑墙脚的应力突变处。无抗拔桩时,最大剪切应变为 $1.15×10^{-2}$,并且基坑左、右墙脚处与隧道洞室两侧之间分别形成了一条倾斜集中剪应变传递路径,导致洞室周围剪应变量值和范围较大;施做抗拔桩后,最大剪切应变减小至 $8.23×10^{-3}$,减小了 28.4%,并且刚性抗拔桩体切断了集中剪应变的传递路径,阻止了墙脚处集中剪应变往隧道结构传递与发展的趋势,因而大大减小了洞室周围的集中剪切应变,降低了基坑施工对隧道的影响。可见,抗拔桩能有效地控制下卧地基土体的剪应变大小和分布范围,对隧道变形的限制作用也增强,达到了保护隧道的目的。

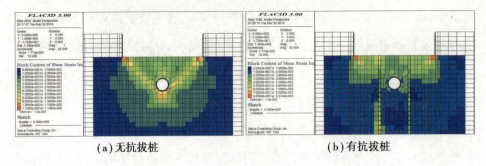

（a）无抗拔桩　　　　　　　　　　（b）有抗拔桩

图 5.31　基坑下卧地基土体剪切应变等值阴影图

5.4.5　影响参数分析

抗拔桩的桩长 L_p、桩间距 d_p 以及桩与隧道之间的净距 d_t 是影响抗拔桩作用效果的 3 个重要参数，为了研究这 3 个参数对隧道隆起变形的控制效果，选取桩长 L_p 分别为 16 m、20 m、24 m、28 m、32 m、36 m 和 40 m 等 7 种情况来分析桩长的影响；选取桩与既有隧道之间的净距 d_t 分别为 3 m、6 m、9 m 和 12 m 等 4 种情况来分析净距的影响；选取纵向桩间距 d_p 分别为 3 m、5 m 和 7 m 等 3 种情况来分析桩间距的影响。在二维模拟分析中，同样通过改变模型的厚度来体现纵向桩间距的变化。参数分析计算结果如图 5.32 所示。

由图 5.32 可以看出，同样的桩长条件下，隧道最大隆起位移随着净距 d_t（或桩间距 d_p）的增大而不断增大；同样的净距 d_t（或桩间距 d_p）条件下，隧道最大隆起位移均随着桩长 L_p 的增大而不断减小，且净距 d_t（或桩间距 d_p）越小，位移减小幅度越大；因此，为了最大限度地发挥抗拔桩对既有隧道的抗隆起作用，应当尽量将抗拔桩布置在靠近隧道结构的两侧，并采用较小的桩间距布置形式，而当隧道与抗拔桩之间的净距 d_t 或桩间距 d_p 较大时，通过改变增加桩长 L_p 来减小隧道隆起位移的意义并不大。

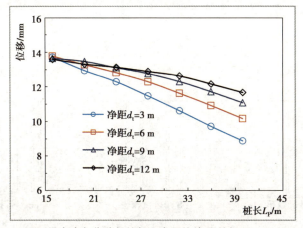

（a）最大隆起位移与桩长和净距的关系(桩间距d_p=3 m)

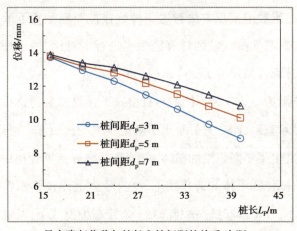

（b）最大隆起位移与桩长和桩间距的关系(净距d_t=3 m)

图 5.32　影响参数分析结果

5.4.6　抗拔桩布置型式的影响

本节采用三维数值模拟方法来探讨不同的抗拔桩布置型式对隧道纵向隆起变形的控制效果。假设基坑平面开挖尺寸 $B×L$＝36 m×80 m，开挖深度 H＝10 m，既有隧道位于基坑正下方，中心埋深 22 m。在既有隧道两侧分别施做 1 排、2 排和 3 排等截面抗拔方桩，方桩截面尺寸为 1 m×1 m，桩长均为 40 m。抗拔桩沿隧道纵向布置范围为 1.5 倍基坑开挖长度。抗拔桩与隧道之间的位置关系及桩间距如图 5.33 所示。

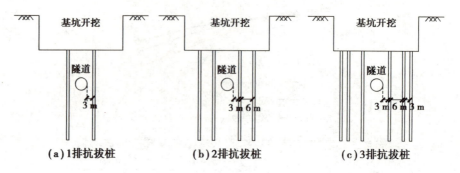

(a)1排抗拔桩   (b)2排抗拔桩   (c)3排抗拔桩

图 5.33 抗拔桩布置型式

本节采用三维数值模拟方法对这 3 种抗拔桩布置型式下的隧道隆起变形进行了分析,同时与无抗拔桩的计算结果也进行了对比,用于分析抗拔桩的作用效果。三维计算区域尺寸为 160 m×70 m×124 m。

图 5.34 所示为上述 3 种不同的布桩型式下计算得到的抗拔桩桩身竖向位移云图,为了显示直观,图中只显示出了隧道一侧的抗拔桩。可以看出,基坑下方的抗拔桩均发生了不同程度的整体上浮,且越靠近基坑开挖中心处的桩身上浮位移就越大;同样的土体卸荷作用下,桩身最大上浮位移随着抗拔桩排数的增多而逐渐减小,在 1 排布桩→2 排布桩→3 排布桩型式下,基坑下方桩身最大上浮位移分别为 6.69 cm→6.09 cm→5.72 cm,其原因是下卧回弹变形地基范围内所布置的抗拔桩数量越多,则每根桩参与分配和承受的上拔力就越小,"群桩效应"就越明显,则桩身结构的上浮位移也就越小。从图中也可看出,与 1 排抗拔桩相比,2 排、3 排布桩情况下的整个桩群位移分布云图更加均匀,桩群受力更加合理。

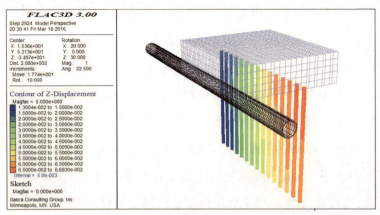

(a)1排抗拔桩

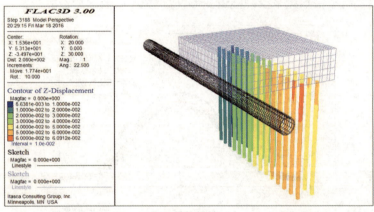

(b)2排抗拔桩

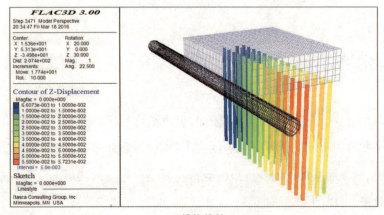

(c)3排抗拔桩

图 5.34　抗拔桩竖向位移云图

图 5.35 为上述 3 种布桩型式下,基坑下方隧道隆起位移分布曲线。可以看出,与无抗拔桩的情况相比,施做抗拔桩后不仅隧道隆起位移量值明显减小,且隧道轴线隆起变形范围也得到了有效的控制,说明抗拔桩对隧道的保护效果非常明显。无抗拔桩时,隧道隆起位移峰值为 13.6 cm,施做 1 排抗拔桩后,位移峰值为 9.1 cm,减小了 33.1%;施做 2 排抗拔桩后,位移峰值为 8.2 cm,减小了 39.7%;施做 3 排抗拔桩后,位移峰值为 7.8 cm,减小了 42.6%。可见,随着抗拔桩排数的增多,对减小隆起变形的增益效果越来越小。其原因为,抗拔桩距离隧道结构越远,其限制隧道竖向位移的作用就越弱,因此,施工中不应当盲目通过增加抗拔桩数量来控制隧道变形,以避免不必要的造价浪费。

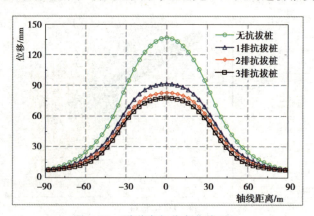

图 5.35　隧道隆起分布曲线对比

5.5　本章小结

本章结合深圳市某上跨既有隧道的重叠基坑工程,应用数值分析方法,系统探讨了基坑周围不同位置处隧道的变形特征,并在此基础上深入研究了下卧地层加固、侧方地基加固以及抗拔桩等措施对不同区域内隧道的变形控制机理和控制效果,得出的主要结论如下:

①研究发现,基坑周围存在 3 个隧道变形特征区域:沉降区、过渡区和隆起

区。其中沉降区位于基坑侧方浅埋范围内。该区域内隧道水平、竖向位移均比较突出;过渡区主要位于基坑侧方沉降区下方,该区域内隧道水平位移较大而竖向位移较小;隆起区主要位于基坑下方区域,该区域内隧道竖向位移较大而水平位移较小。施工中应根据上述 3 个特征区域内隧道的变形特点而采取相应的变形监测和保护措施。

②基坑下卧地层加固后,隧道上方的土体和围护墙的整体作用增强,地层剪应变分布更加均匀,从而使卸荷应力传递也更加均匀,下卧隧道隆起变形大小、范围以及隧道断面"竖鸭蛋"式相对拉伸变形均能得到有效的控制;全面积加固型式下地基土体整体性较强,增大加固深度能更有效的减小隧道变形;抽条加固型式下地基土体整体性较弱,增大加固深度对减小隧道变形效果不明显。

③侧方地层加固体具有减小位移屏障的作用,能显著地减小基坑侧方区域内隧道的水平位移和隧道结构自身的"横鸭蛋"式相对拉伸变形。

④基坑下方回弹土体内抗拔桩的桩身轴力分布遵循"中间大、两头小"的规律,根据桩-土位移分布情况将桩身分为了 3 个特征区段:抗拔段、稳点段和嵌固段。随着基坑挖深的增大,桩身轴力不断增大且峰值点发生向下移动,抗拔段和嵌固段的长度不断变长,而稳定段的长度则不断缩短。

⑤基坑下方施做完抗拔桩后,一方面刚性桩作为异质体对上部开挖产生的土体位移场具有阻断作用;另一方面,抗拔桩切断了围护墙墙脚与基坑洞室侧面的集中剪应变传递的路径,显著减小了洞室周围集中剪应变的大小和分布区域。因此,施做抗拔桩能有效地限制桩周土体和邻近隧道的隆起变形,起到保护隧道的作用。为了最大限度地发挥抗拔桩的抗隆起效应,应尽量将抗拔桩布置在靠近既有隧道结构的两侧,并采用较小的桩间距。

第 6 章　结论与展望

6.1　主要结论

　　我国城市正处于地下综合空间开发建设的高峰期,软土开挖对周围土体及邻近隧道的影响与控制是岩土工程领域正面临的一个研究热点和难点,涉及诸多方面的内容,目前的研究以结合具体工程实例背景的数值模拟和监测试验偏多,而解析理论方面的成果偏少,考虑开挖卸荷工程的土体分层特性、软黏土流变性质、既有隧道"双洞效应"以及开挖卸荷三维空间效应等方面的解析理论尚需要进一步填补和完善,本书将这些问题作为新的研究方向单独提出来。研究选取目前城市建设中广泛存在的两类地下开挖卸荷工程——基坑开挖与盾构开挖为例,采用理论分析和数值模拟等方法,针对开挖卸荷对邻近地铁隧道纵向变形的计算方法、影响规律及保护控制技术等问题从理论到实践进行了系统深入的探讨,并取得了下述研究成果。

6.1.1　基坑开挖卸荷对邻近隧道纵向影响的解析理论方面

　　①采用弹性半空间层状模型来模拟实际地层分布,基于弹性力学 Mindlin 解,并结合 Terzaghi 有效应力理论、渗流理论和迭代增量法理论,提出了一种能综合考虑开挖面土体卸载、工程降水以及围护支撑结构水平作用等因素的下卧

地层附加位移计算方法。该方法作为一种针对层状地层的近似求解,能反映出层状地基内部应变集中(或扩散)现象,得出的结论更符合实际情况。

②运用弹性力学理论和杆件有限元理论,将基坑与周围土体和既有隧道结构之间的相互作用直接进行耦合分析,推导了砂性土体中基坑开挖对周围单洞、双洞隧道影响的整体耦合平衡方程,用于求解既有隧道纵向附加变形与内力;提出方法与已有的两阶段解析法相比,更能体现隧道刚度的抗力作用,而且不需要选用具体地基模型和确定各种复杂的地基参数取值,因此大大减少了计算所需参数数量,简化了计算过程。

③结合离心机试验算例发现,砂性土质条件下开挖卸载引起的邻近管道附加变形绝大部分都是弹性变形,残余塑性变形仅占5.6%,理论推导中所采用的线弹性假设是符合实际的。试验值和理论值的分布规律和影响范围大致相同,验证了本书方法的合理性;结合双洞数值算例发现,双洞隧道呈现上、下重叠并行时,相互影响程度最强,影响范围约为4.3倍洞径;当双洞隧道呈左、右水平并行时,相互影响程度最弱,影响范围约为1.3倍洞径。

④将提出方法运用于具体工程实例,结果显示隧道结构纵向一半受影响范围约为3倍基坑开挖尺寸;基坑中心正下方和距离纵向开挖侧壁面约1倍开挖长度处的隧道管片处于受弯拉最不利状态;纵向开挖侧壁面下方的隧道管片处于受剪最不利状态。施工中应当重点加强这几个受力最不利断面的监测与保护,以避免管片环缝发生张拉、错台和错位等失稳破坏。

⑤基于弹性力学Mindlin位移解、弹性-黏弹性对应原理和三参量H-K本构模型,采用整体耦合方法和拉式变换方法推导了黏性土体中基坑开挖引起的隧道纵向附加位移的时域解。H-K本构模型属于稳定流变模型,能反映出开挖卸荷对隧道造成的瞬时弹性变形和结构随着时间发展而逐渐发展并趋近稳定的流变变形,变形趋近于稳定的时间与土体流变参数有关。

⑥结合工程实例应用发现,黏性土体流变特性引起的隧道后期变形量约占总变形量的30%,软土流变会对隧道纵向位移大小、范围及形态等造成较大的

影响;理论计算得出的流变稳定时间为 45 d,基坑应尽量利用这段时间内完成开挖、支护、主体浇筑和覆土回填等工序,以避免基坑暴露时间过长,减小软土卸荷的时间效应对下卧隧道造成的不利影响。

6.1.2　盾构开挖卸荷对邻近隧道纵向影响的解析理论方面

①基于镜像源汇法原理和椭圆形非等量径向土体移动模式,采用隧道与土体变形整体耦合的方法建立了盾构掘进对上方已建隧道影响的解析方法。提出方法最大的特点在于能够分析不同的三维空间位置关系下盾构下穿施工对既有隧道纵向变形性能的影响,且计算简洁,概念清晰,可直接用于工程计算。

②结合离心机试验算例发现,由于未考虑隧道与土体相互作用的塑性行为,提出方法更适用于分析盾构开挖地层损失率较低($\varepsilon \leqslant 1\%$)的情况下对既有隧道、管廊等刚性结构的影响,而不适用于分析对管线、管道等柔性结构的影响;结合工程实例运用发现,本书方法计算得到的刚性电缆管道沉降量与实测结果比较接近,与采用两阶段位移法得到的解析解基本吻合,验证了提出方法的有效性。

③理论研究发现,盾构下穿施工过程中,垂直正交关系是既有隧道受剪、受弯的最不利位置关系。既有隧道附加剪力峰值与间隙参数之间呈线性递增关系,且两隧道平面夹角 θ 越大,增幅越大;提高既有隧道纵向刚度在起到减小隧道纵向变形作用的同时也显著地增大了结构纵向弯矩峰值,因此,工程实际中不应一味地采用增大纵向刚度的措施来控制既有隧道变形,以避免弯矩峰值过大而引起管片接头螺栓发生拉伸屈服破坏。

④理论研究发现,随着隧道盾头掘进面与两隧道交叉点距离的增大,既有隧道变形逐渐趋近稳定,掘进面的空间效应逐渐消失;当两隧道越趋近于垂直关系时,附加位移扰动程度就越小,因此,为了尽量减小施工对已建隧道引起的附加沉降,在条件允许的情况下,应当尽量采取正交下穿方式快速通过。

6.1.3 基坑周围隧道洞室变形特征与变形控制技术方面

①根据基坑周围不同位置处的洞室变形特征划分了 3 个特征区域：沉降区、过渡区和隆起区。其中沉降区隧道水平、竖向位移均比较突出，两个方向的变形均需要引起关注；过渡区隧道水平位移显著，应当重点控制隧道的水平变形；隆起区隧道竖向位移明显，应当加强竖向变形的监测与保护。

②地层加固使得基坑周围土体和围护墙的相互连接作用增强，加固范围内地层剪应变和卸荷应力的传递变得更加均匀，不仅能限制隧道附加变形的大小和范围，还能有效地控制隧道断面的相对拉伸变形；由于全面积加固型式下地基土体整体性强，增大加固深度能更有效地减小隧道变形；而抽条加固型式下地基土体整体性弱，增大加固深度对控制隧道变形的效果不太明显。

③首次探讨了抗拔桩作为控制基坑下卧隧道隆起变形的承载特性和抗隆起机理；根据桩-土位移分布情况将桩身分为抗拔段、稳定段和嵌固段，每个特征分段的桩身对限制周围土体位移的作用均不相同。随着基坑挖深的增大，抗拔段和嵌固段的长度会不断增长，而稳定段的长度则不断缩短。

④抗拔桩能有效地控制回弹地基内土体和隧道的竖向隆起变形，其作用机理是：一方面，刚性桩作为"异质体"对上部开挖产生的土体位移场具有阻断作用，桩周抗拔段土体竖向位移得到明显的约束；另一方面，抗拔桩切断了墙脚与洞室侧面之间集中剪应变传递的路径，因而显著地减小了洞室周围集中剪应变的大小和分布范围。为了最大程度地发挥抗拔桩的抗隆起效应，应尽量将抗拔桩布置在靠近隧道结构的两侧，并采用较小的桩间距。

6.2 研究展望

城市软土开挖卸荷对邻近地铁隧道的影响是一个系统、复杂的课题，具有迫切的现实意义和理论价值。受试验条件、经费和时间等因素的限制,使得本人在研究过程中发现还有很多问题值得进一步深化研究,下述问题将是作者今后进一步的研究展望:

①开挖卸载条件下,既有隧道与周围土体的相互作用可能存在塑性行为,特别是隧道结构与卸载区距离较近的时候,隧道-土体之间可能会发生塑性滑移,不再满足变形相容条件,如果仍按照本书理论方法中弹性假设条件计算得到的结论则会偏向不利。因此,理论上可以通过在隧道-土体之间设置弹簧和滑块构成的界面单元,并利用土体统一极限抗力来判定土体是否塑性屈服。分析中依然将隧道视为一维杆系结构,基本思想是:当周围土体处于弹性状态时,隧道-土变形协调,弹簧发挥作用而滑块不发生作用;当土体应力达到极限抗力时,则由滑块承受极限抗力并发生塑性滑移,用于模拟周围土体在塑性状态下的隧道变形。后续的研究中笔者将根据上述研究思路进一步推导基坑开挖与下卧隧道相互作用的弹塑性解,以期得到更加合理的理论解,研究成果将具有重要的理论价值。

②隧道纵向变形的弹性解和弹黏性解在理论计算过程中涉及的各种参数的选取十分重要,关于这方面的研究还十分有限,导致理论计算大多是依据经验取值,得出的结论往往与实际监测结果相比存在一定的差异。因此,后续研究工作中应当根据已有的工程实测数据,利用人工神经网络等反分析方法进行参数反演和修正,以期获得更符合工程地质实际的参数,用于更准确地预测下一施工阶段的隧道变形。

③数值分析中,由于土体变形行为的复杂性,以及开挖卸荷条件下土体卸荷模量的不确定性,使得本研究中选用的 Mohr-Coulomb 本构模型和地层参数并不能完全反映实际卸荷土体的应力应变特征,应用于基坑工程往往会导致不合理的坑底回弹,使得数值模拟结论往往只能用于定性分析,无法达到定量化的要求,故有必要开发新的土体本构模型。下一阶段的研究中将通过土工试验对软土卸荷模量做系统的研究,并尝试借助 FLAC[3D] 的 C++平台和功能,开发更适

合于基坑开挖工程的硬化土模型[155],力求数值模拟结论更贴近工程实际。

④本书重点研究了地下开挖卸荷对既有隧道位移的影响,将来可进一步探讨受力影响;此外,计算方法在"上软下硬"层状地层中的适用范围亦需进一步研究。

参考文献

[1] 况龙川,李智敏,殷宗泽. 地下工程施工影响地铁隧道的实测分析[J]. 清华大学学报(自然科学版),2000,40(S1):79-82.

[2] SCHROEDEFC, POTTSDM, ADDENBROOKETI. The influence of pile group loading on existing tunnels[J]. Géotechnique,2004,54(6):351-362.

[3] 上海市市政工程管理局. 上海市地铁沿线建筑施工保护地铁技术管理暂行规定[S]. 上海:上海市政管理局, 1994.

[4] 郑刚,刘庆晨,邓旭,等. 基坑开挖对下卧运营地铁既有箱体影响的实测及分析[J]. 岩土力学,2012,33(4):1109-1116,1140.

[5] 仇文革. 地下工程近接施工力学原理与对策的研究[D]. 成都:西南交通大学, 2003.

[6] TERZAGHI K, PECK R B. Soil mechanics in engineering practice[M]. 2d ed. New York:Wiley,1967.

[7] BJERRUM L,EIDE O. Stability of strutted excavations in clay[J]. Géotechnique, 1956,6(1):32-47.

[8] KENJI ISHIHARA. Relations between process of cutting and uniqueness of solutions[J]. Soils and Foundations,1970,10(3):50-65.

[9] 中华人民共和国住房和城乡建设部. 建筑地基基础设计规范:GB 50007—2011[S]. 北京:中国计划出版社,2012.

[10] 杨位洸. 地基及基础[M]. 北京:中国建筑工业出版社,1998.

［11］刘国彬，侯学渊. 软土基坑隆起变形的残余应力分析法［J］. 地下工程与隧道，1996，(2)：2-7.

［12］刘国彬，侯学渊. 软土的卸荷模量［J］. 岩土工程学报，1996，18(6)：18-23.

［13］BOSE S K，SOM N N. Parametric study of a braced cut by finite element method［J］. Computers and Geotechnics，1998，22(2)：91-107.

［14］Hamdy Faheem, Fei Cai, Keizo Ugai. Three-dimensional base stability of rectangular excavations in soft soils using FEM［J］. Computers and Geotechnics，2004，31(2)：67-74.

［15］陆培毅，余建星，肖健. 深基坑回弹的空间性状研究［J］. 天津大学学报，2006，39(3)：301-305.

［16］刘国彬，贾付波. 基坑回弹时间效应的试验研究［J］. 岩石力学与工程学报，2007，26(S1)：3040-3044.

［17］郑刚，魏少伟，徐舜华，等. 基坑降水对坑底土体回弹影响的试验研究［J］. 岩土工程学报，2009，31(5)：663-668.

［18］木林隆，黄茂松. 基坑开挖引起的周边土体三维位移场的简化分析［J］. 岩土工程学报，2013，(5)：820-827.

［19］郑刚，王琦，邓旭，等. 不同地连墙插入深度下承压含水层减压降水对既有隧道的影响［J］. 岩土力学，2014(S2)：412-421，428.

［20］MANA ABDULAZIZ I，CLOUGH G. WAYNE. Prediction of movements for braced cuts in clay［J］. Journal of the Geotechnical Engineering Division，1981，107(6)：759-777.

［21］KUNG G T，JUANG C H，HSIAO E C，et al. Simplified model for wall deflection and ground-surface settlement caused by braced excavation in clays［J］. J Geotech Geoenviron Eng，2007，133(6)：731-747.

［22］吉茂杰，刘国彬. 开挖卸荷引起地铁隧道位移预测方法［J］. 同济大学学

报(自然科学版), 2001, 29(5): 531-535.

[23] ATTEWELL P B, YEATES J, SELBY A R. Soil Movements Induced by Tunnelling and their Effects on Pipelines and Structures [M]. Blackie, London, 1986.

[24] TAKAGI N, SHIMAMURA K, NISHIO N. Buried pipe responses to adjacent ground movements associated with tunneling and excavations[C]//GEDDES J D, CARDIFF U K. Proceedings of the 3rd International Conference on Ground Movements and Structures, 1984:97-113.

[25] 陈郁, 李永盛. 基坑开挖卸荷引起下卧隧道隆起的计算方法[J]. 地下空间与工程学报, 2005, 1(1): 91-94.

[26] 张治国, 张孟喜, 王卫东. 基坑开挖对临近地铁隧道影响的两阶段分析方法[J]. 岩土力学, 2011, 32(7): 2085-2092.

[27] 张强. 开挖卸荷下既有地铁隧道的竖向变形及其控制研究[D]. 北京交通大学, 2012.

[28] 徐凌. 软土盾构隧道纵向沉降研究[D]. 上海: 同济大学, 2005.

[29] PASTERNAK P L. On a new method of analysis of an elastic foundation by means of two-constants[M]. Moscow: Gasudarstvennoe Izdatelstvo Literaturi po Stroitelstvui Arkhitekture, 1954.

[30] ZHOU Z L, CHEN S G, TU P, et al. An analytic study on the deflection of subway tunnel due to adjacent excavation of foundation pit [J]. JModTransport, 2015, 23(4):287-297.

[31] 黄栩, 黄宏伟, 张冬梅. 开挖卸荷引起下卧已建盾构隧道的纵向变形研究[J]. 岩土工程学报, 2012, 34(7): 1241-1249.

[32] LO K Y, RAMSAY J A. The effect of construction on existing subway tunnels-a case study from Toronto [J]. TunnUndergr Space Technol, 1991, 6(3): 287-297.

［33］ MARTA DOLEŽALOV Á. Tunnel complex unloaded by a deep excavation ［J］. Computers and Geotechnics,2001,28(6/7):469-493.

［34］ SHARMA J S,HEFNY A M,ZHAO J,et al. Effect of large excavation on deformation of adjacent MRT tunnels［J］. TunnUndergr Space Technol,2001, 16(2):93-98.

［35］ 王卫东，王浩然，徐中华. 上海地区基坑开挖数值分析中土体 HS-Small 模型参数的研究［J］. 岩土力学，2013，34(6)：1766-1774.

［36］ 高广运，高盟，杨成斌，等. 基坑施工对运营地铁隧道的变形影响及控制研究［J］. 岩土工程学报，2010,32(3)：453-459.

［37］ 黄宏伟，黄栩，Schweiger F. Helmut. 基坑开挖对下卧运营盾构隧道影响的数值模拟研究［J］. 土木工程学报，2012，45(3)：182-189.

［38］ 郑刚，刘庆晨，邓旭. 基坑开挖对下卧运营地铁隧道影响的数值分析与变形控制研究［J］. 岩土力学，2013，34(5)：1459-1468.

［39］ 黄兆纬，黄信，胡雪瀛，等. 基坑开挖对既有地铁隧道变位影响及技术措施分析［J］. 岩土工程学报，2014,(S2)：381-385.

［40］ DEVRIENDT M, DOUGHTY L, MORRISON P, et al. Displacement of Tunnels from a Basement Excavation in London ［J］. Water and Energy International Volume 67, Issue 3. 2010.

［41］ BURFORD D. Heave of tunnels beneath the shell centre,london,1959-1986 ［J］. Géotechnique,1988,38(1):135-137.

［42］ KUSAKABE O, KIMURA T, TAKAGI N, et al. Centrifuge Model Tests on the Influence of Axisymmetric Excavation on Buried Pipes［C］//Proceedings of 3rd International Conference on Ground Movements and Structures. London：Pentech Press, 1985.

［43］ KOJIMA Y,YASHIRO K. Deformation behavior of tunnel lining due to ground surface loading and unloading above the tunnel［J］. QR RTRI,2005,46(2)：

143-146.

[44] BYUN G W, KIM D G, LEE S D. Behavior of the ground in rectangularly crossed area due to tunnel excavation under the existing tunnel [J]. TunnUndergr Space Technol,2006,21(3/4):361.

[45] 蒋洪胜, 侯学渊. 基坑开挖对临近软土地铁隧道的影响[J]. 工业建筑, 2002, 32(5): 53-56.

[46] 韦凯,宫全美,周顺华. 隧道长期不均匀沉降预测的蚁群算法[J]. 同济大学学报(自然科学版),2009,37(8):993-998.

[47] 孔令荣, 崔永高, 隋海波. 基坑开挖对邻近地铁变形的影响分析[J]. 工程勘察, 2010,38(6): 15-20.

[48] 魏少伟. 基坑开挖对坑底已建隧道影响的数值与离心试验研究[D]. 天津:天津大学, 2010.

[49] 梁发云, 褚峰, 宋著,等. 紧邻地铁枢纽深基坑变形特性离心模型试验研究[J]. 岩土力学, 2012, 33(3): 657-664.

[50] 姜兆华. 基坑开挖时邻近既有隧道的力学响应规律研究[D].重庆:重庆大学,2013.

[51] ATTEWELL P B, YEATES J, SELBY A R. Soil movements induced by tunneling and their effects on pipelines and structures[M]. London:Blackie & Son Ltd. ,1986.

[52] KLAR A, VORSTER TEB, SOGA K, et al. Soil-pipe interaction due to tunnelling: comparison between Winkler and elastic continuum solutions[J]. Géotechnique, 2005, 55(6): 461-466.

[53] CELESTINO T B, GOMES R A M,BORTOLUCCI A A. Errors in ground distortions due to settlement trough adjustment [J]. TunnUndergr Space Technol, 2000, 15(1): 97-100.

[54] KLAR A, VORSTER T E B, SOGA K, et al. Soil—pipe interaction due to

tunnelling：comparison between Winkler and elastic continuum solutions［J］. Géotechnique,2005,55（6）:461-466.

［55］LOGANATHAN N, POULOS H G. Analytical prediction for tunneling-induced ground movements in clays［J］. J Geotech Geoenviron Eng, 1998, 124（9）: 846-856.

［56］张治国, 张孟喜. 软土城区土压平衡盾构上下交叠穿越地铁隧道的变形预测及施工控制［J］. 岩石力学与工程学报, 2013, 32（S2）: 3428-3439.

［57］杨栋. 地下工程开挖对临近隧道变形的影响分析［D］. 上海:同济大学, 2008.

［58］张桓, 张子新. 盾构隧道开挖引起既有管线的竖向变形［J］. 同济大学学报(自然科学版), 2013, 41（8）: 1172-1178.

［59］张冬梅, 宗翔, 黄宏伟. 盾构隧道掘进引起上方已建隧道的纵向变形研究［J］. 岩土力学, 2014, 35（9）: 2659-2666.

［60］YAZDCHI M, YEOW H C, YOUNG S. 3D finite element prediction of ground movement induced by tunnelling operation in London clay［C］//International Conference on Computing in Civil Engineering 2005. July12-15, 2005, Cancun,Mexico. Reston,VA,USA:American Society of Civil Engineers,2005: 1-8.

［61］ADDENBROOKE T I, POTTS D M. Twin tunnel interaction:surface and subsurface effects［J］. IntJGeomech,2001,1（2）:249-271.

［62］HAGE C F, SHAHROUR I. Numerical analysis of the interaction between twin-tunnels:influence of the relative position and construction procedure［J］. TTunnUndergr Space Technol,2008, 23（2）: 210-214.

［63］LIU H Y,SMALL J C, CARTER J P. Full 3D modelling for effects of tunnelling on existing support systems in the Sydney region［J］. TunnUndergr Space Technol,2008,23（4）:399-420.

[64] 孙钧, 刘洪洲. 交叠隧道盾构法施工土体变形的三维数值模拟[J]. 同济大学学报(自然科学版), 2002, 30(4): 379-385.

[65] 徐前卫, 尤春安, 李大勇. 盾构近距离穿越已建隧道的施工影响分析[J]. 岩土力学, 2004, 25(S1): 95-98.

[66] 张海波, 殷宗泽, 朱俊高. 近距离叠交隧道盾构施工对老隧道影响的数值模拟[J]. 岩土力学, 2005, 26(2): 282-286.

[67] 郑余朝, 仇文革. 重叠隧道结构内力演变的三维弹塑性数值模拟[J]. 西南交通大学学报, 2006, 41(3): 376-380.

[68] 李学峰, 杜守继, 张顶锋. 新建盾构隧道施工对近接平行隧道的影响分析[J]. 地下空间与工程学报, 2012, 8(5): 1065-1069, 1074.

[69] 刘树佳, 张孟喜, 吴惠明, 等. 新建盾构隧道上穿对既有隧道的变形影响分析[J]. 岩土力学, 2013, 34(S1): 399-405.

[70] 李磊, 张孟喜, 吴惠明, 等. 近距离多线叠交盾构施工对既有隧道变形的影响研究[J]. 岩土工程学报, 2014, 36(6): 1036-1043.

[71] KIM S H, BURD H J, MILLIGAN G W E. Model testing of closely spaced tunnels in clay[J]. Géotechnique, 1998, 48(3): 375-388.

[72] MARSHALL A M. Tunneling in sand and its effect on pipelines and pipe[D]. London: university of Cambridge, 2009.

[73] ADACHI T, KIMURA M, OSADA H. Interaction between multi-tunnels under construction[C]// Proceedings of the 11th Southeast Asian Geotechnical Conference. Singapore: [s. n.], 1993: 51-60.

[74] VORSTER T E B, MAIR R J, SOGA K, et al. Centrifuge modelling of the effects of tunnelling on buried pipelines: mechanisms observed[C]// Proceedings of the 5th International Symposium on Geotechnical Aspects of Underground Construction in Soft Ground. Amsterdam, Netherlands, 2005: 327-333.

[75] LO K W, CHONG L K, LEUNG L F, et al. Field instrumentation of a multiple tunnels interaction problem[J]. Tunnels and Tunnelling, 1998, 18 (7): 4-16.

[76] ASANO T, ISHIHARA M, KIYOTA Y, et al. An observational excavation control method for adjacent mountain tunnels [J]. TunnUndergr Space Technol, 2003, 18(2/3): 291-301.

[77] 俞涛. 地铁盾构隧道近接施工影响的数值模拟及模型试验研究[D]. 成都:西南交通大学, 2005.

[78] 何川, 苏宗贤, 曾东洋. 地铁盾构隧道重叠下穿施工对上方已建隧道的影响[J]. 土木工程学报, 2008, 41(3): 91-98.

[79] 黄德中, 马险峰, 王俊淞, 等. 软土地区盾构上穿越既有隧道的离心模拟研究[J]. 岩土工程学报, 2012, 31(3): 520-527.

[80] 马险峰, 何蔺荞, 王俊淞. 软土地区新建盾构隧道下穿越既有隧道的离心模拟研究[J]. 长江科学院院报, 2012, 29(1): 79-84.

[81] 陈亮, 黄宏伟, 王如路. 近距离上部穿越对原有隧道沉降的影响分析[J]. 土木工程学报, 2006, 39(6): 83-87.

[82] 胡群芳, 黄宏伟. 盾构下穿越已运营隧道施工监测与技术分析[J]. 岩土工程学报, 2006, 28(1): 42-47.

[83] 廖少明, 杨宇恒. 盾构上下夹穿运营地铁的变形控制与实测分析[J]. 岩土工程学报, 2012, (5): 812-818.

[84] 既設トソネム近接施工対策フニユアル. 铁道綜合技術研究所. 平成 8 年 9 月.

[85] 关宝树. 隧道工程施工要点集[M]. 2 版. 成都: 西南交通大学出版社, 2011.

[86] 王明年, 张晓军, 苟明中, 等. 盾构隧道掘进全过程三维模拟方法及重叠段近接分区研究[J]. 岩土力学, 2012, 33(1): 273-279.

[87] 郭宏博. 上下交叉隧道近接施工影响分区研究[D]. 成都:西南交通大学, 2008.

[88] 闻毓民. 两孔平行盾构隧道近接施工的力学行为分析[D]. 成都:西南交通大学, 2005.

[89] 秦辉辉. 小曲线叠落式隧道近接影响分区及变形控制技术研究[D]. 北京:北京交通大学, 2012.

[90] Caspe M S. Surface settlement adjacent to braced open cuts[J]. J Soil MechAnd FoundDiv, 1966, 92(4):51-59.

[91] 丁勇春, 王建华, 徐斌. 基于 FLAC3D 的基坑开挖与支护三维数值分析[J]. 上海交通大学学报, 2009, 43(6): 976-980.

[92] 李俊松. 基于影响分区的大型基坑近接建筑物施工安全风险管理研究[D]. 成都:西南交通大学, 2012.

[93] 邓旭. 深基坑开挖对坑外深层土体及邻近隧道的影响研究[D]. 天津:天津大学, 2014.

[94] 杨广武. 地下工程穿越既有地铁线路变形控制标准和技术研究[D]. 北京:北京交通大学, 2010.

[95] 李兴高. 既有地铁线路变形控制标准研究[J]. 铁道建筑, 2010, 50(4): 84-88.

[96] 张陈蓉, 俞剑, 黄茂松. 基坑开挖对邻近地下管线影响的变形控制标准[J]. 岩土力学, 2012, 33(7):2027-2034.

[97] 刘庭金. 地铁盾构隧道弯矩和变形控制值研究[J]. 隧道建设, 2010, 30(S1):109-112.

[98] 艾智勇, 曹国军. 弹性矩形板下横观各向同性多层地基分析[J]. 岩土力学, 2011, 30(S2): 59-63.

[99] 艾智勇, 成怡冲, 刘鹏. 基于降阶解法的三维分层地基状态空间解[J]. 应用数学和力学, 2012, 33(11): 1275-1283.

[100] 张治国，黄茂松，王卫东. 层状地基中隧道开挖对临近既有隧道的影响分析[J]. 岩土工程学报，2009，31(4)：600-608.

[101] 刘国彬，黄院雄，侯学渊. 水及土压力的实测研究[J]. 岩石力学与工程学报，2000，19(2)：205-210.

[102] 高大钊. 土力学与基础工程[M]. 北京：中国建筑工业出版社，1998.

[103] 冯世进，陈晓霞，高广运，等. 迭代增量法分析地下连续墙的受力性状[J]. 岩土力学，2009，30(1)：226-230.

[104] 武亚军，栾茂田，任汉锋. 深基坑支护设计增量法的理论分析及其应用[J]. 工业建筑，2004，34(9)：1-4.

[105] POULOS H G, DAVIS E H. Pile foundation analysis and design[M]. New York：Wiley，1980：93-100.

[106] 小泉淳，村上博智，西野健三. シールトドホルの軸方向特性のモテルィヒについて，土木學會論文集，1988，6：89-88.

[107] 志波由紀夫，川島一彦. シールトドホルの而震解析に用いる長手方向覆土剛性の評價法[A]. 土木會論文集，1988：319-327.

[108] 臧小龙. 软土盾构隧道纵向结构变形研究[D]. 上海：同济大学，2002.

[109] MORFIDIS K. Research and development of methods for the modeling of foundation structural elements and soil[D]. Thessaloniki：Aristotle University of Thessaloniki，2003.

[110] VESIĆ A B. Bending of beams resting on isotropic elastic solid[J]. JEngrgMechDiv,1961,87(2):35-53.

[111] 方勇，何川. 南京越江盾构隧道纵向抗弯能力研究[J]. 地下空间与工程学报，2009，5(4)：670-674.

[112] 郭瑞，何川，苏宗贤，等. 盾构隧道管片接头抗剪力学性能研究[J]. 现代隧道技术，2011，48(4)：72-77.

[113] 夏冰，夏明耀. 上海地区饱和软土的流变特性研究及基坑工程的流变时

效分析[J]. 地下工程与隧道,1997,(3):11-18.

[114] 姜朋明, 蒋志勇, 黄海滨. 饱和软土地区深基坑变形时间效应的研究[J]. 华东船舶工业学院学报, 1998,12(3): 101-107.

[115] 刘国彬,贾付波. 基坑回弹时间效应的试验研究[J]. 岩石力学与工程学报,2007,26(S1):3040-3044.

[116] 刘林超, 杨骁. 竖向集中力作用下分数导数型半无限体粘弹性地基变形分析[J]. 工程力学, 2009, 26(1): 13-17.

[117] 张俊峰. 软土地区基坑对下卧隧道变形的影响与控制研究[D].上海:上海交通大学,2013.

[118] 周泽林,陈寿根,陈亮,等. 基坑施工对下卧地铁隧道上抬变形影响的简化理论分析[J]. 岩土工程学报,2015,37(12):2224-2234.

[119] 蔡峨. 粘弹性力学基础[M]. 北京: 北京航空航天大学出版社, 1989.

[120] 林有, 胡中雄. 深基坑卸荷回弹问题的研究[J]. 岩土工程学报, 2003, 24(1): 101-104.

[121] 殷德顺, 王保田. 基坑工程侧向卸、加载应力路径试验及模量计算[J]. 岩土力学, 2007, 28(11): 2421-2425.

[122] 朱才辉, 李宁, 柳厚祥, 等盾构施工工艺诱发地表沉降规律浅析[J]. 岩土力学, 2011, 32(1): 158-164.

[123] ROWE R K,KACK G J. A theoretical examination of the settlements induced by tunnelling:four case histories[J]. CanGeotechJ,1983,20(2):299-314.

[124] KLAR A, VORSTER T E B, SOGA K, et al. Soil-pipe interaction due to tunnelling: comparison between Winkler and elastic continuum solutions[J]. Géotechnique, 2005, 55(6): 461-466.

[125] CELESTINO T B, GOMES R A M, BORTOLUCCI A A. Errors in ground distortions due to settlement trough adjustment [J]. TunnUndergr Space Technol, 2000, 15(1): 97-100.

［126］ VORSTER T E B, KLAR A, SOGA K, et al. Estimating the effects of tunneling on existing pipelines［J］. J Geotech Geoenviron Eng, 2005, 131 (11): 1399-1410.

［127］ O' REILLY M P, NEW B M. Settlement above tunnels in the united kingdom their magnitude and prediction［C］//Proceeding of Tunneling' 82 Symposium. London, 1982: 173-181.

［128］ MAIRS R J, Taylor R N, bracegindle A. Subsurface settlement profiles above tunnels in clays［J］. Géotechnique, 1993, 43(2): 315-320.

［129］ LITWINISZYN J. The theories and model research of movements of ground masses［C］//Proceedings of the European Congress on Ground Movement, 1957:206-209.

［130］刘宝琛, 张家生. 近地表开挖引起的地表沉降的随机介质方法［J］. 岩石力学与工程学报, 1995, 14(4): 289-296.

［131］阳军生, 刘宝琛. 沉桩引起的邻近地表移动及变形［J］. 工程勘察, 1999, 27(3):3-5.

［132］Sagaseta C. Analysis of undrained soil deformation due to ground loss［J］. Géotechnique, 1987, 37(3):301-320.

［133］齐静静. 盾构隧道的环境效应及结构性能研究［D］. 杭州:浙江大学, 2007.

［134］RANDOLPH M F, Wroth C P. Analysis of Deformation of Vertically Loaded Pile［J］. J Geotech Engrg Div, 1978, 104(12):1465-1488.

［135］PARK K H. Analytical solution for tunnelling-induced ground movement in clays［J］. TunnUndergrSpaceTechnol, 2005, 20(3):249-261.

［136］郑刚, 刘庆晨, 邓旭. 基坑开挖对下卧运营地铁隧道影响的数值分析与变形控制研究［J］. 岩土力学, 2013, 34(5): 459-1468.

［137］陈孟乔, 杨广武. 新建地铁车站近距离穿越既有地铁隧道的变形控制

[J]. 中国铁道科学, 2011, 32(4): 53-59.

[138] HSIEH P G, OU C Y. Shape of ground surface settlement profiles caused by excavation[J]. CanGeotechJ, 1998, 35(6): 1004-1017.

[139] 刘燕. 地铁换乘枢纽后建车站施工影响研究[D]. 上海: 同济大学, 2007.

[140] 中华人民共和国住房和城乡建设部, 中华人民共和国国家质量监督检验检疫总局. 地铁设计规范: GB 50157—2013[S]. 北京: 中国建筑工业出版社, 2014.

[141] 赵东平, 王明年, 宋南涛. 浅埋暗挖地铁重叠隧道近接分区[J]. 中国铁道科学, 2007, 28(6): 65-69.

[142] Zheng G, Wei S W. Numerical analyses of influence of overlying pit excavation on existing tunnels[J]. JCent South UnivTechnol, 2008, 15(2): 69-75.

[143] 刘国彬, 王卫东. 基坑工程手册[M]. 2版. 北京: 中国建筑工业出版社, 2009.

[144] LEE K M, GE X M. The equivalence of a jointed shielddriven tunnel lining to a continuous ring structure[J]. CanGeotechJ, 2001, 38(3): 461-483.

[145] SCHUSTER M, KUNG G T C, JUANG C H, et al. Simplified model for evaluating damage potential of buildings adjacent to a braced excavation[J]. J Geotech Geoenviron Eng, 2009, 135(12): 1823-1835.

[146] 张洁, 尚岳全, 林旭武. 考虑上拔力作用点位置影响的抗拔桩变形分析[J]. 土木工程学报, 2005, 38(7): 102-106.

[147] 胡琦, 凌道盛, 孔令刚, 等. 超深开挖对抗拔桩承载力影响的离心机试验研究[J]. 岩土工程学报, 2013, 35(6): 1076-1083.

[148] 黄茂松, 任青, 王卫东. 等深层开挖条件下抗拔桩极限承载力分析[J]. 岩土工程学报, 2007, 29(11): 1689-1695.

［149］BIRCH A J, DICKIN E A. The response to uplift loading of pyramid foundations in cohesionless backfill［J］. ComputStruct, 1998, 68 (1/2/3)：261-270.

［150］吴江斌，王卫东，黄绍铭. 等截面桩与扩底桩抗拔承载特性数值分析研究［J］. 岩土力学, 2008, 29(9)：2583-2588.

［151］陈育民，徐鼎平. FLAC/FLAC3D 基础与工程实例［M］. 2 版. 北京：中国水利水电出版社, 2009.

［152］孙书伟，林杭，任连伟. FLAC3D 在岩土工程中的应用［M］. 北京：中国水利水电出版社, 2011.

［153］彭文斌. FLAC3D 实用教程［M］. 北京：机械工业出版社, 2019.

［154］DICKIN E A, LEUNG C F. Performance of piles with enlarged bases subject to uplift forces［J］. CanGeotechJ, 1990, 27(5)：546-556.

附　录

附录 1：图片目录

附录 2：表格目录